Maria Jepsen / Meinhard Schmidt-Degenhard
MONOPOL AUF DEN LIEBEN GOTT?

Eva Schneider

pendo-profile

MARIA JEPSEN

im Gespräch mit
Meinhard Schmidt-Degenhard

MONOPOL AUF DEN LIEBEN GOTT?

Maria Jepsen, geboren 1945 in Bad Segeberg, weltweit erste lutherische Bischöfin. Zunächst hatte sie Altphilologie studiert, entschied sich dann aber für die Evangelische Theologie. Nach Studium in Marburg, Tübingen und Kiel wurde sie im November '72 ordiniert. Kurz zuvor Heirat mit dem Vikar Peter Jepsen; gemeinsame Pfarrtätigkeit der beiden in verschiedenen Gemeinden Schleswig-Holsteins. Besondere Schwerpunkte legte sie in den folgenden Jahren ihrer theologischen Arbeit u. a. auf den Bereich der Feministischen Theologie und die Begegnung mit dem Judentum. Im Januar 1991 Pröpstin in Hamburg-Harburg. Ein Jahr später wurde Maria Jepsen vom Wahlausschuß der Synode vorgeschlagen als Kandidatin für das Bischofsamt der Nordelbischen Kirche in Hamburg. Am 4. April 1992 behauptete sie sich bereits im ersten Wahlgang eindeutig gegen ihren männlichen Mitbewerber. Am 30. August 1992 wurde Maria Jepsen in ihr Amt eingeführt als weltweit erste lutherische Bischöfin.

Meinhard Schmidt-Degenhard, geboren 1956 in Hildesheim, Journalist, studierte u. a. Philosophie, Theologie und Soziologie. Beim Hessischen Rundfunk leitet er die Fernsehredaktion Gesellschaft und Religion. Er lebt in der Nähe von Frankfurt am Main, ist verheiratet und hat drei Kinder. Herausgeber der pendo-profile. Von ihm sind im pendo-verlag veröffentlicht: Trauer ist der halbe Trost / Gespräche mit Margarete Mitscherlich (1995); Liebe, Literatur und Leidenschaft / Gespräche mit Adolf Muschg (1995); Selig sind die Verlierer / Gespräche mit Friedrich Schorlemmer (1996).

Umschlagfoto: Meinhard Schmidt-Degenhard
Typografie: Bernhard Moosbrugger
Herstellung: Clausen & Bosse, Leck

ISBN 3 85842 264 9

INHALT

ZUR EINFÜHRUNG

Der Konzern hat sein Monopol verloren. Was zwei Jahrtausende lang der Kirche gute und segensreiche Bilanzen versprach, nämlich das Geschäft mit den Ängsten und Sehnsüchten der Menschen, funktioniert nicht mehr. Neue Anbieter haben den Markt durcheinander gewirbelt. Wer heute von der Sehnsucht nach Sinn umgetrieben den Markt durchforstet, bekommt je nach Bedürfnis einen selbsternannten Lehrmeister der Weisheit, die Verkörperung des absoluten Seins oder einen unverbrauchten Weltenerlöser mit Echtheitszertifikat angeboten.

Der Markt gibt es her. Wie einst zu Zeiten mittelalterlicher Pest-Epidemien hat die Sinnsuche wieder Hochkonjunktur. Die drohende Jahrtausendwende tut das Übrige, um den apokalyptischen Ängsten Auftrieb zu verleihen. In keinem Jahrhundert zuvor waren die materiellen Bedingungen für die Mehrheit der Menschen hierzulande günstiger, war der Fortschritt greifbarer und die Konsumkultur demokratischer verteilt. Und doch wird das 20. Jahrhundert in der Geschichtsschreibung einen besonderen Platz einnehmen – als erste Epoche der inkarnierten Sinnlosigkeit: Zum ersten Mal ein Weltkrieg, zum ersten Mal Auschwitz und eine bis dato unbekannte Globalisierung der Probleme. Es erschreckt die Erkenntnis, daß eben doch alles mit allem zusammenhängt. Das Schicksal der Schmetterlinge und Schlingpflanzen des brasilianischen Regenwaldes wird sich eines Tages ebenso rächen wie das der Millionen Afrikaner, die in einer Flüchtlingskatastrophe ohne Ende auf unseren Breitband-Fernsehern vorbei defilieren. Die Welt wächst uns über den Kopf. Wer auch nur einem Bruchteil der Zukunftsängste Raum gibt in seinem Herzen, dem droht der Infarkt. Wer gebietet Einhalt angesichts allgegenwärtiger Orientierungslosigkeit? Die Erkenntnis ist bitter: Da ist niemand! Da sind nur wir auf diesem Globus, und wir sind eigentlich schon des Guten zu viel. The empire strikes back – die Schöpfung schlägt zurück. Nur das Wort von der Schöpfung erinnert noch an einst geglaubte Transzendenz.

Man ist geneigt, die Kirchen zu verfluchen ob ihrer Starrköpfigkeit und Engstirnigkeit. Dem verlorenen Monopol jammern sie nach, anstatt die Chance zu begreifen. Wer Ausschau hält nach Kriterien, um den religiösweltanschaulichen Jahrmarkt zu sichten, sieht sich überfordert. Was unterscheidet den Kardinal vom Guru, die Kirche von der Sekte? Wenn Menschen der Kirche nicht ganz den Rücken kehren, dann wohl, weil dort noch am ehesten die Mehrdimensionalität unserer privaten wie gesellschaftlichen Existenz zu spüren ist. Diese Botschaft ist politisch, weil das Leben politische Entscheidungen verlangt. Hoffnung braucht Transzendenz, weil die Sackgasse der Eindimensionalität uns zu ersticken droht. Die Kirchen bilden einen unverzichtbaren Bestandteil unserer politischen Kultur – gerade in ihrem Proprium, wider den Stachel zu löcken. Kirche ist ein Dienstleistungsbetrieb der Nachdenklichkeit. Es mag hart klingen: Ihr statistischer Erfolg ist weniger wichtig als ihre dienende und inspirierende Funktion gegenüber dem Gemeinwesen. Eine undankbare Rolle! Aber zum einen in bester biblischer Tradition, zum anderen ihre einzige Chance und Legitimation!

Religionssoziologen sprechen von der Patchwork-Religiosität. Kirchliche Traditionen und Formen freier Religiosität greifen ineinander. Wer auf Dogmen beharrt, ist nicht nur unvernünftig, sondern sägt sich selber den letzten Ast ab. Dogmen sind Blasphemie – wer den Herrgott in Formeln packt, hält Moral und Tradition hoch, erstickt aber menschliche Sehnsüchte, schickt die Dimension der Transzendenz in die Verbannung der Engstirnigkeit.

Marcus Ronchetti ist ein mutiger Mann. Der anglikanische Pfarrer entschuldigte sich unlängst kurz vor seiner Versetzung bei seiner bisherigen Kirchengemeinde für all den belanglosen »Quatsch«, den er allzu häufig gepredigt habe. Was ist wichtig, was wesentlich? Ein Konzern überprüft sein Konzept. Statt Glück und Gelingen, statt Sinn und Sehnsüchte sind Macht und Moral die Unternehmensziele. Als Maria Jepsen zur Bischöfin gewählt wurde, drohte wieder einmal der Untergang des Abendlandes. Wenn Homosexuelle sich lieben mit dem Segen Gottes, beklagen Kleingeister den Verlust aller Werte. Als hätte der liebe Gott keine anderen Sorgen mit seiner Schöpfung!

Kirche wird und muß Volkskirche bleiben, formuliert Maria Jepsen. Auch dann Kirche für das Volk, wenn die Massen der Institution schon längst den Rücken gekehrt haben. Volkskirche meint keine statistische Größe, sondern einen ureigenen jesuanischen Auftrag. Die Präsenz der christlichen Botschaft kann Garant sein für Menschlichkeit in dieser Gesellschaft. Mit der verfassten Kirche hat dies wenig zu tun. Und es wäre ein trügerischer Kurzschluß, wollte Kirche von der Unverzichtbarkeit ihrer Botschaft Rückschlüsse ziehen auf ihre eigene Unersetzlichkeit. Sie wäre nicht der erste Bote, der vor dem Überbringen einer guten Nachricht auf der Strecke bleibt!

Meinhard Schmidt-Degenhard

DER FEINE UNTERSCHIED

Männerusancen – oder: Gott ist viel mehr

Zunächst einmal zur Klärung: Was unterscheidet eigentlich eine Bischöfin vom Bischof? Oder ist da kein anderer Unterschied als der zwischen Frau und Mann?

Ich kann das im Grunde genommen nicht ganz klar beantworten, weil ich nur wenige Bischöfinnen kenne. Die Frage kommt zu früh. Allerdings merke ich, daß ein Unterschied wie Pastor – Pastorin doch inhaltlich stark zu erkennen ist. Die Schwerpunktsetzung und Leitungsverantwortung bei Theologinnen sind ein wenig anders als bei Theologen.

Also dann doch letztlich der feine, gar nicht so kleine Unterschied zwischen den Geschlechtern?!

Ja, es ist die Art und Weise Theologie zu betreiben und zu glauben. Das heißt, stärker praxis- und alltagsorientiert oder stärker der Systematik und Dogmatik verhaftet. Das ist sicher klischeehaft gesagt, aber die Erfahrung hat mich in den letzten Jahren immer wieder gelehrt, daß doch viel dahinter steckt.

Ob Frau oder Mann, ob Bischof oder Bischöfin: Warum wird dieser kleine Unterschied oft zum großen Problem?

Das ist doch gar nicht ein kleiner Unterschied! Ich denke, wir Menschen sind über viele Jahrhunderte unterschiedlich sozialisiert und haben eine je eigene Blickrichtung entwickelt. Männer wollen den Überblick haben, Adler sein, und Frauen wollen drin sein mit Bodenhaftung und da das ordnen, was nicht gut geht, das heißt, sie gucken mehr auf die Nähe, auf die, die direkt neben ihnen sind, nicht weit entfernt. Und wie sie es mit der Erziehung der Kinder gelernt haben, so wollen sie es im Gemeinwesen halten. Ein gutes Miteinander ist wichtiger als Strukturen.

Was glauben Sie als Frau: Wovor haben Männer Angst, wenn sie vor Frauen Angst haben?

Sie haben Angst, daß sie konkreter werden müssen, daß sie nicht nur über den Kopf Kirche oder Gesellschaft leiten, sondern daß sie ihre Emotionen, ihre Erfahrungen mit hineinnehmen, daß sie von sich selber ein Stück preisgeben, eventuell auch die eigene Ohnmacht oder Eitelkeit und Freude den anderen zeigen müssen.

Und andersherum: Die Angst von Frauen angesichts von uns Männern?

Da zeigt sich einmal die anerzogene Angst der Scheu und der Zurückhaltung. Auch die emanzipierten Frauen haben in bestimmten Situationen Angst vor Männerusancen, die nicht gut und nicht offen sind. Das heißt, vor Absprachen oder vor Seilschaften, die die Frauen an den Rand drängen, die die Frauen ausspielen. Dies sind Erfahrungen, die wir in leitenden Positionen häufig machen. Immer wieder ist da ein Feind-Denken oder ein Gegnerinnen-Denken, das uns als Frauen ausschließt.

Diese Männerusancen, von denen Sie gerade gesprochen haben, – können Sie sich als Frau vorstellen, was da bei uns Männern abläuft oder gelegentlich auch schief läuft?

Ich hoffe, daß die Sozialisation der jüngeren Generation sich anders auswirkt, und ich merke auch schon bei jüngeren Männern, die eine andere Ausbildung durchlebt haben, zusammen mit Frauen, daß sich da viel geändert hat. Daß sie bereit sind, sich auf unterschiedliche Alltagssituationen einzulassen, daß sie ihre Gefühle und Erfahrungen bewußter mit einbeziehen und da versuchen, einen Kompromiß in Handlungskonzeptionen zu erarbeiten oder auf sich zukommen zu lassen. Die Eitelkeit und das Gefühl, vom Amt allein getragen zu werden, machen undialogisch.

Ob Frau, ob Mann: Amtsträger definieren sich über ihren Job, weil sie oft nichts anderes haben.

Dennoch: das muß überwunden werden. Denn ich denke, es ist wichtig, ein Amt und dabei auch Eitelkeit und Stolz zu haben, aber es ist eben nur das äußere Gefieder, und das Innen muß mit dem übereinstimmen. Es muß auch mit Transparenz gelebt werden.

Lassen Sie uns einen Schritt wagen von diesem allzu irdischen Geschlechterkampf nach oben, gen Himmel. Wie ist es dort um den kleinen Unterschied bestellt: Ist Gott Frau oder Mann?

Bildhaft gesagt: Er ist Mann und Frau und sehr viel mehr. Wir lesen in der Bibel von den Gottesbezeichnungen, von Gottesbildern her von Anfang an, daß beides vorkommt, das Männliche, das Weibliche, das Mütterliche, das Väterliche. Wenn wir an die Weihnachtsgeschichte denken, das Kind in der Krippe, das hilflose Kind. Auch das ist ein Gottesbild. Außerdem: die Armen und die Verfolgten. Aber auch: Gott als Brunnquell, als Lufthauch. Es sind Versuche, Gott zu erkennen und sagbar zu machen. Es ist so, daß wir von unseren eigenen Erfahrungen ausgehen, aber die nehmen nur einen Bruchteil von dem auf, was Gott wirklich ist. Es ist wichtig, das einzugestehen und Gott nicht in eine männliche Schablone reinpressen zu wollen, wie es früher sehr häufig geschehen ist.

Revolution aus Pflichtbewußtsein

Nun stammen Sie aus einem eher braven und bürgerlichen Haus, galten als recht konservative Frau. Auch das feministische Denken war Ihnen nicht in die Wiege gelegt. Wer oder was hat Sie politisiert?

In die Wiege ist es mir vielleicht nicht gelegt worden, aber in meine Taufe hinein. Ich habe einen Taufspruch, der sehr antipatriarchalisch ist oder sich gegen das Patriarchat ausspricht: »Ihr sollt keinen Vater nennen auf Erden, denn einer ist Euer Vater, der im Himmel ist.« (Mt. 23,9) Das heißt eindeutig, keine Väterstrukturen, kein Patriarchat, sondern Offenheit miteinander. Zweitens habe ich eine Mutter, die sehr selbständig war und sein mußte nach der Scheidung meiner Eltern. Die uns Kinder sehr großzügig erzogen, aber auch sehr pflichtbewußt, und uns Mädchen angeleitet hat, selbständig zu denken, zu handeln, eine gute Ausbildung zu bekommen. Das sind Vorgaben, die sicher immer im Verborgenen waren. Emanzipation oder Frauen-Emanzipation in den 68er Jahren habe ich damals für mich nicht übernommen, überhaupt die 68er Jahre nicht.

Damals waren Sie nicht dabei?

Ich habe demonstriert, weil die Professoren das erwarteten. Das waren damals Ernst Fuchs und Jürgen Moltmann. Die Professoren haben gesagt, der Platz eines Theologen, einer Theologin ist in dieser entscheidenden Zeit auf der Straße. Also war ich bereit zur Teilnahme am Schweigemarsch für Benno Ohnesorge in Marburg, zur Teilnahme an Diskussionen vor der Alten Aula in Tübingen. Das habe ich sozusagen aus Pflichtbewußtsein und Gehorsam getan.

Rebellion als Akt des Gehorsams?

Ja, genau. Aber da war schon ein Gespür, daß Theologen, Theologinnen oder wir auch als Studierende eine besondere Verantwortung für die Gesellschaft haben. Das sind alles Spuren der Politisierung.

Dann die Zeit als Gemeindepastorin, keine besondere feministische Hervortuung. Ich wurde gebeten, im Auftrage des Bischofs mit einer kleinen Gruppe das »Frauenwerk« unserer Nordelbischen Kirche zu visitieren. Dieses »Frauenwerk« war zu feministisch, galt als linkslastig und sollte gleichsam auf Kurs gebracht werden. Es wurden einige Personen gefragt, von denen ziemlich sicher war, daß sie den guten (patriarchalen) Kurs der Kirche vertreten würden – ich auch. Während dieser Visitationszeit im Frauenwerk habe ich viele neue Anregungen wahr- und aufgenommen, gerade von Frauen aus sogenannten unteren Schichten, die benachteiligt waren. Ich habe kurzzeitig eine Müttergenesungskur mitgemacht, wo spürbar wurde, wie Frauen unterdrückt werden, die glaubensmässig Barrieren hatten und so nicht an einen freien, befreienden Glauben an Gott kommen konnten.

Das fiel in eine Zeit, als die feministische Theologie in Deutschland begann. Das Buch » Ein eigener Mensch werden« von Elisabeth Moltmann-Wendel hatte ich gelesen, und da begann auch in mir ein neues Nachdenken und das Wissen, daß ich als Pastorin eine besondere Verantwortung in meiner Kirche habe. Für Frauen in der Kirche, für eine andere Sprache, für eine andere Theologie, damit Frauen – und nicht nur Frauen – an Gott glauben können ohne den Ballast des Patriarchats.

Mit diesem Auftrag, das aufmüpfige »Frauenwerk« auf Kurs zu bringen, wurde gleichsam der Bock zum Gärtner, pardon, zur Gärtnerin?!

Völlig gegen den Auftrag. Es war nachher auch etwas enttäuschend, daß fast alle umgekippt waren. Wir haben alle gemerkt, gerade in der Auseinandersetzung mit den Frauen, wieviel dran war, daß eben nicht das äußere Gerüst entscheidend ist, sondern daß es auf den Kern ankommt. Und wenn der Kern nicht mehr begriffen werden kann, dann muß eben die Schale oder das Gerüst geändert werden.

Kam es dann für Sie über die Frauenbewegung auch zu einer gesellschaftlichen Politisierung?

Ich denke, das gehörte dann zusammen. Aber ich fühle mich nicht als gesellschaftliche Kämpferin, überhaupt nicht.

Doch gelten Sie zumindest als »Mitte links«.

Ich würde betonen »Mitte«! Das merke ich gerade in Gruppen in der Gesellschaft, soweit wir überhaupt mit Gruppen aus der Gesellschaft Kontakt haben, daß ich doch weit rechts bin. Auch im kirchlichen Bereich gibt es sehr viele Gruppen und engagierte Persönlichkeiten, die weit links von mir stehen. Und es ist dann manchmal seltsam, gar nicht mehr zu wissen, bist du rechts/bist du links? Ich denke, es ist Mitte. Ich habe für beide Seiten manchmal Verständnis, möchte aber doch das Abdriften in einen Bereich ohne Gesprächsmöglichkeiten verhindern.

Friedensbewegung, Umweltbewegung, Nachrüstung und Anti-AKW-Demos: Waren das Ihre weiteren politischen Stationen?

Sicher. Ich bin in einer Friedensgruppe gewesen, allerdings nicht sehr aktiv. Wir haben eine Gruppe in der Nordelbischen Kirche gehabt, da bin ich sicher auch ein bißchen aus Pflichtbewußtsein dabei gewesen, weil ich auch merkte, wie wenig Pastoren und Pastorinnen sich da einsetzten, wie viele Laien da engagiert waren. Es sind schlicht und einfach die Fragen der Bergpredigt, die da vorkommen. Ich halte es für wichtig, daß wir als Amtsträger und Amtsträgerinnen in diese kleinen oder größeren engagierten Gruppen hineingehen, weil wir uns sonst von einem Institutions-Christentum leiten lassen, das nicht mehr bereit ist, irgendwelche Risiken einzugehen. Denn das tun wir meines Erachtens viel zu wenig.

Als Bischöfin sind Sie nun in manche politische und gesellschaftliche Diskussion stärker miteingebunden. Haben Sie den Eindruck, daß dieser amtsbedingte bischöfliche Durchblick Sie politisch radikaler oder eher bedächtiger hat werden lassen?

Radikaler nicht. Bedächtiger sicher in manchem, aber nicht stumm. Ich versuche, das eine oder das andere zur Sprache zu bringen. Insofern wirkt es manchmal radikaler, auch für Menschen, die mich vorher kannten. Daß ich mich als Bischöfin stärker herausgefordert sehe als in einer Gemeinde, in der wir zu dritt oder zu viert waren, das ist sicher richtig. Gerade auch als Bischöfin neben den vielen Bischöfen. Ich spüre, daß da eine Erwartung ist und daß ein Schweigen oder sich Zurückhalten von vielen so gesehen wird, als wenn die Kirche sich völlig zurückhält. Also sehe ich mich oftmals in der Position, für viele in der Kirche den Mund aufmachen zu müssen.

Ohne Streit wird's langweilig

Sie sind und bleiben unverkennbar ein Kind des Nordens: 1945 in Bad Segeberg geboren, als Pfarrerin unterwegs in den ländlichen Gemeinden Schleswig-Holsteins, nun Bischöfin in Hamburg, – einer Stadt, die viele ein wenig an Sodom und Gomorrha erinnert. Macht Ihnen dieser Moloch Angst?

Nein, überhaupt nicht. Ich bin in kleinen Städten an der Westküste Schleswig-Holsteins gewesen. Sicher konservativ-traditioneller dort, aber gefährlicher ist es in Hamburg nicht als in Meldorf oder in Südtondern. Auch da gab es alles Mögliche. Kleinstädte sind nur auf Ansichtskarten idyllisch. Eine Wiese mag idyllisch sein, aber wenn mehr als drei Menschen darauf sind, wird es schon anders.

Ich bin dann von den ländlichen Gebieten nach Harburg gekommen, auf die andere Elbseite Hamburgs, gern »Balkan« genannt, weil es so weit im Süden ist. Viele Ausländer und Ausländerinnen leben dort seit langer Zeit. Das war eine große Umstellung, die mich aber auch gereizt hat. Ich lebte in Harburg in einem Stadtteil, der das Gegenteil von einer ländlichen Idylle ist. Viele Einbrüche nachts, viel Unruhe, viele Asylsuchende. Große finanzielle Not. Und trotzdem fühlte ich mich in der Gegend sehr schnell zuhause, weil ich merkte, hier leben Menschen, die nicht privilegiert sind, die von der Kirche neu wahrgenommen werden müssen. Ich habe das als ein wirklich gutes Lernfeld gesehen, daß ich aus einem behüteten Pastorat herauskam in diese Gegend, die auch Bronx genannt wird. Das fand ich sehr hilfreich. Jeden Tag, oft auch jede Nacht Armut zu erleben, Menschen, die auf der Suche nach einem glücklichen, behüteten Leben sind, die aber trotz aller Anstrengungen das nicht schaffen. Das heißt, die Selbstverständlichkeit einer bürgerlichen Wohlstandsgesellschaft wird in Frage gestellt. Auch die Selbstverständlichkeit, mit der ich jeden Tag eine warme Wohnung und gutes Essen hatte.

»Die gute Seele der Stadt, der Triumph des Herzens über den angespitzten Ellenbogen«, so hat eine Hamburger Zeitung Sie charakterisiert. Freuen Sie sich ob solcher Lobsprüche oder sind dies nicht doch wieder die alten weiblichen Rollenattribute, – von wegen guter Seele und Herz?

Nein, ich habe mich darüber sehr gefreut. Gerade weil in den Zeitungen zuvor genau das Gegenteil von mir behauptet wurde: Daß ich Wasser predige und Wein trinke. Daß ich mich nicht um Menschen kümmere, die in Not sind.

Ich denke, diese gute mütterliche Aufgabe möchte ich übernehmen. Ich weiß, auch im Management wird das heute geradezu gefördert und auch von Frauen so gesehen und für richtig gehalten. Es ist ja nicht nur das liebevolle Sich-Kümmern-um, sondern ein Sich-darum-Bemühen, daß Menschen gut miteinander auskommen. Ich bemuttere sie ja nicht.

»Ich streite gern«, haben Sie einmal freimütig bekannt. Sind Sie wirklich eher streitlüstern denn sanftmütig?

Das ist sehr unterschiedlich. Wenn ich merke, daß längere Zeit kein Streit gewesen ist oder eine Woche Ruhe in der bischöflichen Kanzlei, dann merke ich, es fehlt mir etwas. Ich habe früher als Kind gerne gestritten, auch als Ehefrau, in Gruppen und ansatzweise in der Gemeinde. Mich reizt das. Mich reizt die Auseinandersetzung, weil ich weiß, daß ich, daß wir nur so ein Stück vorankommen. Anders wird es mir auch zu langweilig. Schwierig wird es beim Streit, wenn mit unfairen Mitteln gearbeitet wird. Und das macht manchen Streit schwierig, wenn unterhalb der Gürtellinie weitergefochten wird mit einem Lächeln im Gesicht. Wenn ausgetrickst wird, wie auch manches Mal im Rahmen der Kirche. Ich kann manchmal gut streiten, sehr hart streiten und hinterher, eine viertel Stunde später, wieder ein Herz und eine Seele sein mit meinem Gegenüber. Es fällt mir nicht immer ganz leicht, aber ich merke, im Großen und Ganzen gelingt es mir.

Derart unfaire Tricksereien, wie Sie sie gerade benannt haben: Sind es eher Männer als Frauen, die tricksen, oder ist die Beherrschung dieser Techniken geschlechterunabhängig?

Nein. Das ist natürlich eine kleine Gruppe, mit der wir uns dann im Streit befinden. Im offenen oder im verborgenen Streit. Und ich merke, daß es mit Frauen im allgemeinen viel besser geht, weil wir Persönliches und Sachliches eher voneinander zu trennen wissen. Oft habe ich das Gefühl, daß Männer alles mit hineinnehmen und hinterher es doch nur als sachlich bezeichnen. Und dieses voneinander zu trennen, sind sie nicht bereit. Und dadurch bleibt immer ein Stück an Aggressionen, an Mißtrauen. Subjektiv gesehen meinen sie wahrscheinlich wirklich, sie hätten ihre Ängste und Erfahrungen nicht in die Konfliktlösung mit hineingenommen. Aber ich habe da oft ganz andere Empfindungen.

Ich habe gelesen, daß Sie gelegentlich gern eine Pfeife rauchen. Hat das auch etwas mit Ihrer Freude am Provozieren zu tun, ein Aufbegehren gegen Klischees?

Das hat vom Ansatz her eher etwas mit Unterordnung zu tun. Das kommt nämlich aus der Zeit, als ich verlobt war und sehr viel gehandarbeitet habe, immer fleißig war und mein Verlobter, späterer Mann, damals sagte: »Kannst du nicht mal Ruhe haben? Ich sitze da und rauche meine Pfeife, und du mußt dann Wäsche plätten oder sticken oder nähen oder sonstwas.«

Na ja, da fing ich also auch an, Pfeife zu rauchen, um auch mal still zu sitzen. Mit dem Erfolg, daß ich 14 Tage später beides tat. Heute rauche ich gerne Pfeife, aber nur zuhause, insbesondere am Schreibtisch, weil ich weiß, daß es vielfach als Provokation aufgefaßt wird. Das konnte ich als Pastorin noch im Auto machen. Eine sehr beruhigende Tätigkeit, die einfach gut tat. In der Öffentlichkeit würde ich es aus dem Grunde der möglichen Provokation nicht tun, aber auch weil ich weiß, daß Rauchen nicht unbedingt Vorbildfunktion hat.

Jetzt lassen wir diesen gesundheitspolitischen Aspekt mal bei Seite. Ärgert es Sie nicht, daß ich mir beispielsweise während einer Konferenz eine Pfeife anstecken dürfte und Sie verkneifen es sich, weil Sie befürchten müssen, Ihnen würde so etwas als ungebührliche Provokation ausgelegt?

Nein, Sie dürfen das auch nicht bei einer Konferenz, zumindest bei uns nicht! Wir haben Rauchverbot.

Gut, dann lassen Sie uns in ein Restaurant ausweichen. Auch da würden Sie sich als Frau in aller Öffentlichkeit die Pfeife nach einem guten Essen eher verkneifen. Ärgern Sie diese Klischees?

Nein, überhaupt nicht! Da kann ich gut drauf verzichten. Und zum Pfeife-Rauchen brauche ich auch wirklich viel Zeit. Da will ich Ruhe haben, viel Zeit. Ich rauche nicht mit andern, wenn ich weiß, daß andere dadurch Beschwernisse haben. Ich habe früher in Pastorenkreisen selbstverständlich geraucht – wie die anderen. Das hat auch aufgehört, und ich denke, diese Rücksichtnahme sollte auch da sein. Ich muß mich außerdem mit manchen Vorurteilen abfinden, und da lohnt es nicht, sich darüber aufzuregen. In Dänemark wäre es kein Problem, aber in Deutschland wird es als Problem gesehen. Und ehe ich mich dreimal oder fünfmal dann entschuldige oder es erkläre, verzichte ich doch. So wichtig ist es auch nicht.

Ich stehe zu meiner Macht

»Sei, wer du bist«, – so haben Sie im FAZ-Fragebogen Ihr Motto beschrieben. Nun, wer sind Sie denn, Frau Jepsen?

Erstaunlich, wie das, was man in Fragebögen so mal äußert, haften bleibt. Doch zur Frage: Das weiß ich selber nicht, wer ich bin. Ich denke, es sind auch sehr unterschiedliche Seiten, die ich in mir habe. Ich merke nur, daß ich mit mir identisch sein möchte. Daß ich manchmal eine bestimmte Rolle spielen muß, das fällt mir auch gar nicht schwer. Bloß wenn ich das Gefühl habe, die Rolle ist stärker als ich selber, dann brauche ich die strenge Ermahnung: »Du spielst jetzt nur noch und bist nicht mehr du selber. Du gibst etwas anderes vor.« Das wäre unglaubwürdig. Ich muß das Gefühl haben, am Abend oder am nächsten Tag, es war in Ordnung, was du gemacht hast, auch die Fehler, die du da verzapft hast, die sind auch okay. Denn du konntest es da nicht besser, konntest nicht anders sein oder reagieren. Ich möchte nicht mit einer Fassade auftreten oder einem Anspruch, den ich überhaupt nicht abdecken kann.

Wenn Sie drei Adjektive wählen dürften, um sich selber zu charakterisieren – welche fallen Ihnen da ein?

Das ist schwer, dennoch – vielleicht so: Neugierig! Nicht nachtragend! Vertrauensvoll!

Stimmen diese Selbst-Beschreibungen auch überein mit Ihren Erwartungen an sich selbst?

Ich denke, es ist identisch. Sicher nicht immer durchgehalten, aber das, was ich von mir erwarte, ist nicht mehr, als ich durchhalten kann oder als ich bin.

»Ihr aber sollt Euch nicht Rabbi nennen lassen...«, so steht's im Neuen Testament zu lesen. Nun nennt man Sie nicht Rabbi, aber immerhin doch Bischöfin. Welches Verhältnis haben Sie zu Ihrem Titel?

Der Satz steht Matthäus 23, kurz nach meinem Taufspruch: » ...ihr sollt keinen Vater nennen und ihr sollt keinen Lehrer und keinen Rabbi nennen.« Mir ist der Titel wichtig, wenn ich als Amtsträgerin offiziell auftrete.

Im Alltag wird er nicht so oft gebraucht. Da kann ich auch gut darauf verzichten, da es mir auch sehr angenehm ist ohne Titel. Allerdings verlange ich diesen Titel, wenn andere Titel gebraucht werden bei Herren. Ich selber habe es als Pastorin erlebt, daß es immer hieß: Herr Pastor Jepsen, Herr Pastor soundso, Herr Pastor soundso und Frau Jepsen. Das empfand ich zuerst als sehr positiv, weil ich dachte, das heißt ein Stück mehr Nähe. Aber ich merkte nach einer gewissen Zeit – d.h. es hat Jahre gebraucht –, daß es nicht Nähe war, sondern doch eine Zurückhaltung in der Anerkennung einer Frau in einem Amt. Und da ich von anderen Frauen auch weiß, daß ihnen der Pastorinnen-Titel oder Pröpstin-Titel sehr häufig verweigert wird, so bestehe ich in diesen Zusammenhängen auch auf einem Titel. Ich ermahne auch die Jüngeren und sage: »Wenn Sie Titel brauchen, dann für alle und dann auch für die Frauen.« Seltsam bleibt, daß in der Kirche oft nur die kirchlichen Titel benutzt werden, nicht die anderen.

Kurz nach Ihrer Wahl haben Sie immer wieder von »Demut« gesprochen. Andererseits besitzen und beanspruchen Sie als Bischöfin Macht, die Sie auch ausspielen müssen, sonst nehmen Ihnen andere (oft genug Männer) diese Macht wieder ab. Wie verträgt sich aber nun die Macht des Amtes mit der Demut im Amt?

Demut und Macht schließen sich für mich überhaupt nicht aus. Ich weiß, daß ich Macht habe. Ich nutze die Macht auch oft sehr gerne, wenn ich mich für andere einsetzen kann und wenn ich damit Veränderungen bewirken kann in Kirche und Gesellschaft, die mir richtig und wichtig erscheinen. Deswegen bin ich gegen eine Macht von oben, aber für eine Macht mit und für andere. Die Diskussion über Macht haben wir bei uns in der Kirchenleitung vor 6 bis 8 Jahren zu führen versucht. Sie wird häufig von Kichenmännern geleugnet, als schlössen sich kirchlicher Dienst und Machtgelüste aus. Das ist auch, denke ich, Angst, sich die Macht einzugestehen, weil sie dann vielleicht beschnitten werden könnte.

Ich stehe voll zu meiner Macht, hätte manchmal gerne sogar ein bißchen mehr Macht, wobei ich diese Macht dann mit Transparenz auch nutzen möchte.

Kann ein Mensch in Amt und Würden, sprich eine Bischöfin, auf Dauer glaubwürdig bleiben – gerade angesichts sogenannter Sachzwänge?

Die kommen manchmal. Die sind manchmal sehr stark da. Und ich merke es gerade in bestimmten Entscheidungen – Strukturfragen oder Personalentscheidungen –, wo ich harte Gewissensbisse bekomme, wo ich manchmal auch überstimmt werde. Dann möchte ich auch diese Ohnmacht in der Macht benennen können und sagen, ich kann nicht anders oder ich würde gerne als Maria Jepsen das anders entscheiden, stehe aber für die Institution Kirche und habe da eine andere Verantwortung, die ich jetzt gegen meine eigene persönliche Intention ausüben muß. Und ich denke, dieser Diskussion müssen wir uns alle verstärkt stellen. Gerade mit Jugendlichen oder mit Menschen, die am Rande der Kirche sind, die ihre Fragen und schlechten Erfahrungen haben. Es ist wichtig, daß wir versuchen, den Entscheidungshintergrund zu erläutern. Ich muß sagen, da ist es sehr hilfreich, daß mir dieses Amt auf Zeit übertragen ist. Das heißt, nach zehn Jahren gebe ich es wieder ab, dann übernehmen das andere. Es verändert nicht mein Leben für immer.

Aber dieses Amt hat zweifelsohne Ihr Leben verändert. Wo spüren Sie bei sich selbst am deutlichsten, daß Sie sich in und mit dem Amt gewandelt haben?

Das spüre ich vor allem daran, daß ich bei Äußerungen in der Öffentlichkeit sehr vorsichtig sein muß, weil sie sonst sofort zu einer Schlagzeile in der Zeitung führen könnten.

Da lauert die Gefahr, daß ich nicht einen Veränderungsprozeß in Gang setze, wie ich ihn möchte, sondern daß dann gerade von der Gegenseite Zitate rausgenommen werden zur Verschärfung und so dann ein Kompromiß-Finden verhindert ist. Das abzuwägen: Kann ich etwas klar sagen oder nicht sagen, das ist für mich diese große Schwierigkeit. Dieses vorschnelle oder auch mal riskante ›Drauflosreden‹, um der Wahrheit näher zu kommen, das ist gebremst.

Mit Ihrem Amtsantritt als weltweit erste lutherische Bischöfin waren viele Erwartungen verbunden, ja letztlich Übererwartungen.

Das habe ich ganz deutlich von Anfang an gesagt: »Wenn ich fünfzig Bischöfinnen wäre, könnten wir fünfzig zusammen die Erwartungen nicht alle erfüllen.« Ich kann nur das, was ich für richtig halte, und nur Zeichen setzen. Da hat das Neue Testament etwas Tröstliches. Ein vielleicht ungebührliches Beispiel: Jesus hat nicht alle Kranken geheilt, sondern hier und da exemplarisch. Auch ich kann nur exemplarisch auftreten. Und ich habe genau wie jeder andere Mensch auch meine Stärken und meine Schwächen, meine Fehler. Doch ich bin erstaunt, wie viele Erwartungen heute noch an mich gestellt werden und wie viele Menschen durch mich ermutigt sind, in den Kirchen neu mitzuarbeiten oder weiterzuarbeiten.

Man(n) weiß, wie man Frau treffen kann

Das neue Amt bescherte Ihnen recht bald Konflikte und Schlagzeilen. Ich erinnere mich: Ein Sturm der Entrüstung kam auf, als Ihnen Ihre Kirchenverwaltung zum Wohnen und Repräsentieren ein entsprechendes Haus be-

sorgen wollte. »Braucht eine Bischöfin eine Millionen-Villa?« fragte BILD. Nun kann mir keiner sagen, daß es angesichts heutiger Immobilienpreise wirklich und allein um die Höhe des Kaufpreises ging. Sie sind als Bischöfin in einem derartigen Konflikt offenbar viel eher verwundbar als Ihre männlichen Amtskollegen?

Der Unterschied ist wohl eher, daß wir Frauen unsere Verwundungen nicht so krampfhaft verbergen wie manche Männer in vergleichbarer Lage.

Das war ein schwarzer Tag. Das war sicher ein starker Versuch von einer bestimmten Gruppe, mich zu kippen. Das ist lanciert gewesen, ganz eindeutig. Man weiß, wie man Frauen treffen kann, wenn ihnen Unglaubwürdigkeit nachgesagt wird. Das geschieht bei fast allen leitenden Frauen, wie man dann im nachhinein mitbekommt. Es war übel, mir so etwas zu unterstellen, zumal die Medien nach ein paar Stunden wußten, es stimmt nicht. Aber sie wollten es dann durchziehen, und man wollte mich zum Rücktritt zwingen. Und sie hätten es auch fast geschafft, weil ich nicht auf die Kanzel steigen wollte mit dem Gefühl, unten sitzen die Menschen und glauben dir deine Predigt nicht. Ich habe gesagt, ich kann vieles aushalten, bin auch zu vielem bereit, aber ich möchte auf der Kanzel nicht als Heuchlerin gesehen werden.

»Man weiß, wie man Frauen treffen kann ... Unglaubwürdigkeit.« Ist Ihnen dieses Konfliktmuster schon des öfteren begegnet?

Also ich selber habe das in dem Ausmaß jetzt nicht mehr so erlebt. Ich denke, das haben auch viele gemerkt, daß ich da dann gestärkt herausgegangen bin. Die Solidarität setzte sehr schnell ein von sehr vielen Frauen, aber auch Männern unserer Kirche – und weit darüber hinaus. Man hat also gemerkt, ich sitze fester im Sattel als gedacht. Und ich selber habe es auch gemerkt und wäre damals auch nur zum Rücktritt bereit gewesen nach Gesprächen mit Verantwortlichen aus der EKD. Ich hielt also durch, weil ich merkte, daß man ein übles Spiel mit mir spielte. Ich wollte damit auch nicht die historische Chance so schnell wieder beseitigt wissen. Es sind aber bis heute Ansätze in manchen Briefen, die mich tief treffen sollen. Ob Männer solche unverschämten Angriffe und Briefe bekommen, weiß ich nicht. Wenn ich darüber mal spreche, kommt wenig Resonanz, vielleicht, weil Männer über Beleidigungen und Anwürfe nicht reden mögen. Aber ich weiß auch von anderen Frauen in leitenden Ämtern, daß sie heftigere und unflätigere Briefe und Angriffe erhalten als Männer in vergleichbaren Positionen – und sie werden gerne ausgetrickst oder ausgegrenzt.

Nun sind Sie die erste lutherische Bischöfin. Sie haben dies eben eine »historische Chance« genannt. Was aber würde Martin Luther dazu sagen?

Ich denke, wenn Luther in unserem Jahrhundert lebte, wäre er erst einmal überrascht über unsere ganze Kirche. Und würde dann sagen: »Mich wundert, daß Ihr so spät auch Frauen ins Amt berufen habt.« Denn daß wir in Hamburg erst seit 70 Jahren Frauen im ordinierten Amt haben, im Pfarramt, das ist doch erschreckend. Daß die Ordination allgemein erst seit 30 Jahren zugelassen ist, das würde ihn schon sehr wundern, nachdem wir im letzten Jahrhundert die Diakonissen doch mit einer bestimmten Funktion anerkannt haben. Er würde sagen: »Da habt Ihr Euch lange Zeit von dem wirklichen reformatorischen Ansatz entfernt.«

Und umgekehrt: Was würden Sie Martin Luther sagen? Immerhin war die Reformation nicht unbedingt ein Akt der Frauenbefreiung.

Luther ist ein Kind seiner Zeit gewesen. Und ich würde ihn dann bitten, das, was er gesagt, was er geschrieben hat, noch einmal alles zu überprüfen und vielleicht aus heutiger Sicht zu korrigieren. Das betrifft die Frauen, über die er manch Positives geschrieben hat, aber ja auch manch Negatives. Das betrifft genauso dann die Juden, die Bauern, die, die am Rande gewesen sind.

Ich würde ihn auch nach seinem Eheverständnis fragen und danach, was er über andere Lebensformen denkt – und wie er beispielsweise den Homosexuellen zu mehr Gerechtigkeit und Würde in Kirche und Gesellschaft verhelfen würde? Was er zu unseren Synodendebatten sagen würde?

»Sanfte, feministische Theologin« – als solche haben Sie sich selbst einmal bezeichnet.

Das haben die Medien mir zugedichtet, und dann habe ich....

...also sind Sie gar nicht sanft? Aber doch zumindest feministisch!

...dann habe ich mich da reingefügt, und so schlecht fand ich es dann auch nicht.

Aber was bedeutet denn »sanfte, feministische Theologin«?

Nein, ich bin keine radikale Feministin, dafür bin ich viel zu männlich geprägt von der ganzen Sozialisation und theologischen Ausbildung her. Frauenthemen spielten gar keine Rolle. Ich sollte im Ersten Examen über »Frauen in der Bibel« geprüft werden. Das habe ich abgelehnt, das empfand ich als unter meiner Würde. Den Frauenkreis in der Kirchengemeinde habe ich nicht geleitet und fand auch kein Interesse an frauenspezifischen

Themen. Das heißt, ich spürte eine männlich-überhebliche Prägung, die ich allerdings in manchem inzwischen überwunden bzw. verändert habe. Und ich habe in den feministischen Gruppen gemerkt: Ich muß das, was wir hier erarbeiten, vor meinen mir so vertrauten Männergremien auch vertreten können. Ob das ein Kirchenvorstand ist oder ein Pastorenkonvent. Und da möchte ich nichts überziehen, d. h. ich habe immer schon die Zensur und die Gegenmeinung mit in meinen Gedanken und Empfindungen. Ich bin deswegen unter den feministischen Theologinnen früher sehr zurückhaltend gewesen – und heute auch noch. In meiner Kirche allerdings war ich mit diesen sanften Thesen manchmal radikal.

Dieser eher verhaltene theologische Feminismus – spricht daraus taktische Klugheit, vielleicht auch Ängstlichkeit, um die andere Hälfte der Menschheit, die Männer, nicht ganz zu verschrecken?

Ich denke, ich habe die Hälfte der Menschheit, die Männer, in mir selber mit drin – besser gesagt, ich bin auch stark männlich geprägt. Und daß ich von der Bibel herkomme, bestimmt meinen feministisch-theologischen Ansatz. Was bei der feministischen Theologie nicht immer so ist, bei der Theologie überhaupt. Manche kommen ja stärker von systematischen Fragen her oder Erfahrungsfragen, von anderen religiösen Erfahrungen auch, mit denen ich selber wenig anfangen kann. Insofern habe ich doch die Wort-Gottes-Theologie von Barth oder von der Bibel eben mit in mir und versuche, das miteinander zu verbinden. Auch kirchengeschichtlich miteinander zu verbinden. Ich sehe aber, daß Frauen mit anderen Ansätzen sehr vieles beizutragen haben, und bin auch froh, daß es sie gibt. Denn ich selber bremse schnell, oft zu schnell. Das bewirkt die theologische Ausbildung, die wir haben, daß wir kaum wagen, über unbekannte Gräben zu springen. Und das merke ich in mir selber auch.

Welche Frauengestalten in der Bibel fallen Ihnen ein, wenn ich nach Mut machenden Vorbildern frage?

Da sind zwei Frauengestalten. Insbesondere die Miriam, mit der ich mich am Anfang lange auseinandergesetzt habe. Miriam, die große Schwester des Mose, die eigentlich eine selbständige Prophetin war. Die eine Frauengruppe hatte, die in auswegloser Situation mit den Frauen getanzt und gesungen hat. Sie hatte keine Angst vor Feinden im eigenen Volk oder den Ägyptern. Eine sehr mutige Frau, die nachher klein gemacht, zur Schwester deklariert und mit Sünde überschüttet wurde. Und trotzdem hat sie durchgehalten. Wir haben noch Reste von ihrer Geschichte, ihrer Glaubenskraft; das ist für mich das ›Dennoch‹ des Glaubens.

Die zweite Frau, die mir Mut macht, ist Maria Magdalena, die ein fast ähnliches Schicksal hatte. Eine sehr mutige Frau, die nach alter kirchlicher Tradition nicht neben den Jüngern, neben Petrus stand, sondern vor ihm. Im Markus-Evangelium wird es ganz deutlich: sie war die erste Auferstehungszeugin. Eine Frau, die selbständig war, die ihre Tradition und ihre Erfahrungen mit eingebracht hat. Und von der dann erzählt wird, daß sie aufgebrochen ist nach Südfrankreich und dort eine Frauenbewegung in Gang gesetzt hat. Sogar einen Bischof hat sie eingesetzt, und sie hat getauft. D.h. sie hat für andere damals sehr Ungewöhnliches getan und etwas riskiert. Auch wenn es nur eine Legende ist, so hat sie doch anderen Frauen Mut gemacht, neue Wege in Kirche und Gesellschaft zu beschreiten.

Feministische Theologie – ob sanft oder radikal: Wenn Sie für ein Lexikon eine Kurzdefinition wagen sollten?

Für mich heißt das: »Gottes Wirklichkeit in unserer Welt nachzuspüren, mit besonderer Berücksichtigung von Frauenerfahrungen, von Frauenleben; die Bibel mit

Herz und Augen einer Frau zu lesen, auszuleben und vorzuleben.«

Frau Saubermann und die emanzipierte Madonna

Die Zeit eines kämpferischen Feminismus scheint mir zunächst einmal vorbei zu sein. »Wo früher die unbefleckte Madonna in der Nische stand, macht sich jetzt Frau Saubermann breit – beide Ideologien zeigen Frauen eine Rolle auf, die sie schwächt und verkrüppelt«, so formulierte unlängst Dorothee Sölle ihre Zeitdiagnose. Wo stehen wir heute? Das Patriarchat ist vorbei – analog zur Post-Moderne nun das Post-Patriarchat?

Post-Patriarchat? Ja, man kann es so nennen, auch wenn das Patriarchale dabei noch sehr stark ist. Wir haben eine große Sorge als ältere Frauen in der Kirche, die wir von den 68ern früher oder später berührt wurden und dann auch von Feministischer Theologie. Dieser Aufbruch ist zum Stillstand gekommen, mehr oder weniger. Die Neugier und der Schwung haben nachgelassen. Feministisch-theologische Fragen werden offiziell gebremst. Ermutigend ist es für mich dagegen, immer wieder auf Seminaren oder bei Tagungen zu sein und dort Frauen zu erleben, die sich doch noch in besonderer Weise einsetzen, auch jüngere Frauen. In nicht wenigen Gemeinden, Diensten und Werken sind sie allerdings auch am Wirken, Suchen und Gestalten. Wir versuchen, sie zu ermutigen, zu sagen, wenn ihr nicht aufpaßt, wird das in zehn Jahren wieder so sein wie vor vierzig Jahren. Das heißt, sie müssen dranbleiben, wir müssen sie unterstützen auch im universitären Bereich.

Ich bin äußerst dankbar, daß Feministische Theologie und Frauenforschung bei uns im Theologischen Fachbereich an der Universität in Hamburg einen hohen Stellenrang haben, ein Querschnitt-Thema von allen sind und daß feministisch-theologische Themen auch in den Examina mehr und mehr von den Kandidaten und Kandidatinnen ausgewählt werden. Es war bisher die Befürchtung, daß sie im Examen dadurch schlechter abschneiden würden, und es ist wichtig, sie im Studium darauf vorzubereiten, daß diese Themen in der Kirche zwar nicht unbedingt einen hohen Stellenwert haben, aber dringend erforderlich sind. Wir haben Gruppen in der Kirche, die seit zwanzig Jahren feministisch-theologisch arbeiten und immer noch kreativ sind. Diese Gruppen bemühen sich, auch jüngere Frauen und Männer hinzuzugewinnen, was schwer ist, weil die Jüngeren ihre eigenen Erfahrungen machen müssen. Ich hoffe, daß wir das durchhalten und daß die feministisch-theologische Richtung eine entscheidende Richtung unserer Kirche bleibt. Die »Ökumenische Dekade Solidarität der Kirchen mit den Frauen« und (ökumenische) Frauenkirchentage haben da eine wichtige Multiplikatorinnenfunktion erhalten.

Hat Frau Sölle recht? Von der keuschen Madonna zur Konsummutter Saubermann?

Na, ich denke, es ist ein Gegenbild. Wir haben nicht mehr die einheitliche Gesellschaft, auch nicht mehr die einheitlichen Frauen. Sehr unterschiedliche Frauen: Mädchen-für-alles, Sauberfrau. Wir sehen die Hausmütter verstärkt gefördert von bestimmten Gruppen in der Gesellschaft. Familienmütter sollen sie sein, ohne eigenen Außenbezug, an den Herd gebunden, nicht nur für kurze Zeit. Wir haben daneben die Singles, die andere Lebensformen entwickeln. Wir haben bestimmte Bilder, die den Frauen je nach gesellschaftlicher Situation verpaßt werden sollen. Die Tendenz von Dorothee Sölles Zitat müssen wir im Blick haben. Denn das Frauenbild kann in diesen Zeiten des Umbruches, auch der sozialen Not, der Arbeitslosigkeit in diesen Bereich umkippen.

Und es sind bestimmte gesellschaftliche, politische Gruppierungen, die sich dieses Bild der Frau Saubermann wünschen ...

... und die nun die Zeit für gekommen halten?

So bekomme ich es letztlich oft mit. Es ist eine Schrekkensvision, die wir nicht ganz beiseite legen dürfen, mit der wir uns als Kirche und als Frauen sehr wohl auseinander zu setzen haben.

Frauen definieren sich schon längst nicht mehr nur über die Mutterrolle. Es gibt Bischöfinnen, Managerinnen, Politikerinnen. Aber die meisten dieser Frauen in der Öffentlichkeit tauchen ohne Kinder auf – Zufall?

Ich denke, es ist gut, wenn diese Kinder im Hintergrund bleiben. Daß sie nicht von vornherein mit in die Öffentlichkeit hineingenommen werden. Es gehört schon ein Stück Lebenserfahrung dazu, um so etwas aushalten zu können.

Schwierig ist es für meine Generation auch deswegen, weil es für uns meist eine Alternative war: Beruf mit viel Verantwortung oder Familie. Ich selber hätte mir nicht zugetraut, vollberuflich als Pastorin zu arbeiten und Kinder zu haben. In der damaligen Zeit wollte ich keine halbe Stelle, wollte auch nicht, daß mein Mann eine halbe Stelle gehabt hätte. Er hätte es gerne gehabt. »Sie eine ganze Stelle, er nur halb« – das schien mir damals unmöglich. Das hat sich zum Glück gewandelt, es ist heute gut möglich, daß Frauen voll berufstätig sind und die Männer als Hausmann zuhause oder mit einer halben Stelle erwerbstätig sind. Das ist fast eine – zumindest theoretische – Selbstverständlichkeit geworden, die sich in den letzten zwanzig Jahren entwickelt hat. Volle Berufstätigkeit mit einem Engagement von über sechzig, siebzig Stunden mit Kindern zu Hause, das halte ich für emotional sehr schwierig. Und ich weiß es von einigen Frauen, die dann immer mit schlechtem Gewissen an die Familie denken. Da muß es das Glück sein, daß der Ehemann oder Partner gerne diese Familien-Rolle übernimmt – oder eine gute Tagesmutter da ist. Das ist natürlich auch eine Frage der Sozialisation der Männer heute. Je mehr sie in diesen Part hineingehen, desto leichter wird es sein, daß Karrierefrauen Familie nicht ausschließen müssen.

Sie haben Ihren eigenen Verzicht angesprochen: Um als Frau das zu werden, was Sie sind, haben Sie letztlich auch auf eine Familie mit Kindern verzichtet. Trauern Sie dem nach, was Sie sich versagt haben?

Nein, ich denke nicht. Es wäre auch möglich gewesen. Die Kandidatin, die bei einer anderen Bischofswahl zuvor kandidiert hatte, hat zwei Kinder. Ich weiß nicht, ob ich mich anders, d. h. für Kinder entschieden hätte, wenn es damals in meiner Zeit als Gemeindepastorin eher möglich gewesen wäre. Das ist für mich reine Spekulation. Ich bin mit der Situation, wie sie jetzt ist, voll zufrieden.

Und doch gehörten Sie zu jener Generation, die noch klar verzichten mußte.

Ja, es wäre damals aus meiner Sicht nicht anders möglich gewesen. Bloß, wenn es anders möglich gewesen wäre, weiß ich heute nicht klar, ob ich anders entschieden hätte. Das ist für mich sehr hilfreich. Ich vermute, ich hätte allerdings genau so entschieden, wie es jetzt ist.

Sie sind Bischöfin, Ihr Mann ist Hausmann. Die Frage würde man umgekehrt einem Bischof vielleicht nicht stellen, dennoch: Kommen Sie beide mit dieser Rollenverteilung gut klar?

Mein Mann ist Hausmann und Pastor. Er ist beurlaubter Pastor. Wir kommen sehr gut klar. Die Frau ist draußen und er zuhause. Ich habe mir manchmal gewünscht, daß mein Mann wieder berufstätig wäre, um zu zeigen, es müßte auch anders gehen. Aber ich wüßte allerdings nicht, wie es gehen sollte. Es ist in der Tat so: ich brauche ihn zuhause. Es ist sehr gut, daß er mich und das, was ich mache, begleitet, kritisiert, kommentiert, daß er einfach da ist, wenn ich zuhause bin. Es ist das Glück, daß er wirklich Lust dazu hat.

Auf lange Sicht und allgemein müßten Ämter so verändert werden, daß es für den Ehepartner, die Ehepartnerin möglich ist, mit gutem Gewissen mindestens einem Beruf in Teilbeschäftigung nachzugehen.

»Ich brauche meinen Mann zuhause…«, haben Sie formuliert. Wenn ich sagen würde, daß ich meine Frau zuhause bei den Kindern brauche, dann höre ich schon die Protestrufe: Dieser Chauvi soll erst einmal seine Frau fragen, ob sie sich denn auch gut dabei fühlt! Haben Sie denn Ihren Mann gefragt, ob er Ihre Rollenverteilung auch so gut findet?

Mein Mann wollte schon vor fünfzehn Jahren Hausmann sein, also etwas anderes als nur ein Erwerbsberufstätiger. Er findet das gut so. Aber ich sage, es ist wirklich ein Glück und Zufall. Man kann das nicht verallgemeinern. Ich habe damals bei der Beurlaubung darauf gedrängt, daß es nur für beschränkte Zeit sei, weil wir nicht wußten, wie das läuft. Zumindest theoretisch hat er die Möglichkeit , wieder in den Beruf zurückzugehen. Das halte ich für dringend erforderlich, wobei in unserem Fall zu berücksichtigen ist, daß wir 18 Jahre lang beide voll im Pfarramt gearbeitet haben. Das heißt, mein Mann hat sich selber gezeigt, daß er gut und engagiert als Pastor arbeiten kann. Jetzt nutzt er als Pastor die Zeit anders zuhause und arbeitet ganz wesentlich am Schreibtisch.

Wegen der Stellensituation ist der praktische Wiedereinstieg zur Zeit allerdings nicht vorstellbar.

Es ist sicherlich für eine Frau, zumal als kinderlose Frau, eine andere Situation, im Beruf alt zu werden, als für einen Mann. Haben Sie Angst vor dem, was auf Sie zukommt?

Das weiß ich nicht. Ich sehe das unterschiedlich. Sehe manche Frauen, Anfang, Mitte sechzig, die jugendlicher sind als Männer um die vierzig. Ich glaube, das geht quer durch und hängt oft von den Lebenserfahrungen ab. Sicher auch von der gesundheitlichen Konstitution und von der Position im familiären Leben oder von der gesellschaftlichen Eingebundenheit. Ob ich verheiratet bin oder Freunde/Freundinnen habe oder ganz alleine bin.

Frauen werden sich vom Berufsgerüst viel leichter trennen können, werden aber bei gestalterischen Fähigkeiten inhaltlich andere Betätigungsfelder suchen, um das zu verwirklichen, woran sie die Institutionen oder Arbeitsbedingungen vielmals gehindert haben.

Worin liegt die Macht von Frauen: Haben Frauen es vielleicht eher und besser gelernt, auch zu verlieren und nicht immer nur zu gewinnen?

Ich glaube, wir sind – klischeehaft gesehen – realistischer. Wir können eigene Schwächen eher eingestehen, vor uns selber, vor einer Gruppe auch. Also, ich kenne es von reinen Männergruppen weniger. Ich weiß aber, daß man anfängt, in Männergruppen über eigene Schwächen zu sprechen, über eigene Sorgen sich auszutauschen, daß da auch gelacht und geweint wird, was bei Frauengruppen ja nicht unüblich ist. Frauen, die sich das erste Mal auf einer Tagung treffen, erzählen oft sehr offen über ihren Alltag, über ihre Situation, ihre Not, mit Schwierigkeiten umzugehen. Erzählen auch über ihre Familiensituation, ob sie Kinder haben oder, oder... Bei Männern sieht das weitgehend anders aus. Die wissen oft nach Jahren noch nichts über das Familienleben oder den Freundeskreis oder die Sorgen ihrer Mitmänner. Ich denke, das ist unsere Stärke als Frauen, daß wir nicht so viel auseinander ordnen, sondern es zusammen zu sehen versuchen. Manchmal sehen wir dadurch zu viele Probleme, aber eben auch Möglichkeiten, die über den Berufsalltag hinausgehen.

Ehe – oder: Gott freut sich auch über Homosexuelle

Was bedeutet Ihnen die Ehe?

»Das winzige Wort Ehe...«, so sagte es der Standesbeamte zu uns vor fast 25 Jahren. Es klingt zwar seltsam, aber ich sage es trotzdem und gern: Sie bedeutet mir alles! Mein Beruf bedeutet mir auch alles, aber meine Ehe ist mir doch wichtiger als mein Beruf. Es ist ein Stück Zuhause, wo ich in allem so sein kann, wie ich bin: Quengelig, unzufrieden, glücklich, sprudelnd mit neuen Ideen oder Erfahrungen. Und ich weiß, daß mein Mann mich braucht, daß wir einander uns sehr ergänzen. Er zurückhaltender, ängstlicher, vorsichtiger, scheuer. Und ich sage oft, daß unsere Ehe ein solches Glück ist, daß es für mich oft wie ein Wunder ist. Daß es möglich ist, auch nach über 25 Jahren, fast 30 Jahre kennen wir uns, sich so zu ergänzen. Und wenn es schwierig ist, sich dann auch in der Unterschiedlichkeit voll anzunehmen, so sein zu lassen und zu lieben.

Sie haben vorhin erzählt, daß Sie ein Scheidungskind sind. Wenn Sie als Pastorin von der Unauflöslichkeit der Ehe reden, glauben Sie wirklich dran oder hoffen Sie nur drauf?

Ich rede nicht von der Unauflöslichkeit der Ehe, sondern daß Ehen geschlossen werden mit dem Wunsch und dem Willen, ein Leben lang zusammenzubleiben. Ich habe das mit Brautpaaren oft angesprochen. Einige Jahre lang habe ich dann auch die Formulierungen angeboten »Wollt ihr zusammenbleiben, bis der Tod euch scheidet?« oder »solange euch Gott die Kraft dazu gibt?« Das war ein Versuch, die Lebenslänglichkeit und das mögliche Scheitern zusammenzubringen. Da habe ich gesagt, es gebe Situationen, in denen Gott die Kraft nicht mehr geben kann. Und daß es dann besser ist, auseinander zu gehen, in friedlicher, guter Weise auseinander zu gehen, als eine Ehe durchzuhalten, die keine mehr ist. Denn um der Herzen Härtigkeit willen ist die Scheidung in der Bibel schon benannt, und das müssen wir einkalkulieren.

Es fällt mir nicht schwer, und ich spüre grundsätzlich keine geistlichen und theologischen Vorbehalte, nach Scheidungen Menschen ein zweites oder ein drittes Mal zu trauen. Wenn es ein viertes Mal wäre, dann würde ich sagen: »Prüfe erst einmal genau, wie weit du überhaupt bindungsfähig bist.« Es kann allerdings auch an der anderen Person gelegen haben. Über die Ehe, auch als Leitbild bei uns, wird immer wieder diskutiert; sie ist und bleibt eine gute Ordnung Gottes, die uns biblisch anvertraut ist, daß wir voll dafür werben, aber wir wissen auch, daß nicht jede Ehe nur leicht ist. Und daß manche Ehe auch um der Kinder willen, um der Eheleute willen und um Gottes willen vorzeitig beendet werden muß.

Ehe – dieses Füreinander und Miteinander. Können Sie sich so etwas nur zwischen Frau und Mann vorstellen, – oder auch unter Männern, unter Frauen?

Biblisch ist: »Was Gott zusammengefügt hat, das soll der Mensch nicht scheiden.« Das ist unsere kirchliche Tradition. Ich habe keine Schwierigkeiten, daß Männer und Frauen in homosexuellen Partnerschaften zusammen leben. Ich wünschte mir, daß wir gesellschaftlich und kirchlich weiter wären, um ihnen in dieser Partnerschaftsbeziehung hilfreich zu sein und nicht hinderlich. Aber es ist keine Ehe und keine Hochzeit. Das wird ja oftmals verwechselt. Als belastend empfinde ich, daß in unserer Gesellschaft Menschen immer noch sehr häufig daran gemessen werden, ob jemand eine Ehe eingegangen ist oder nicht. Ein gesellschaftliches oder kirchliches Etikett wird ihnen damit gleichsam verpaßt – o. k. oder defizitär. Ein gefährlicher oder zumindest überheblicher Ehezentrismus zeigt sich daran sehr leicht. Wenn manche jetzt sagen, die Partnerschaft zwischen Homosexuellen ist eine Ehe, dann ist das wieder ehezentriert. Als wenn eine enge Gemeinschaft sich unbedingt an der Ehe orientieren müßte. Die homosexuelle Partnerschaft ist meines Erachtens etwas ganz anderes, etwas Eigenständiges. Dafür müssen die homosexuellen Frauen und Männer noch eigene Formen entwickeln. Ich wünsche mir das, damit auch einige Homosexuelle davor bewahrt werden, ihre Partnerschaft zu gefährden – beispielsweise weil sie nicht zusammen leben dürfen. Auch unsere Ehen würden das nicht aushalten, wenn wir getrennt leben müßten, wenn wir getrennt auftreten müßten. Wir alle brauchen den Schutz der Kontinuität. Solcher Schutz kann nicht einfach anderen verweigert werden, bei aller Unterschiedlichkeit, die dann auch wieder da ist.

Nun bringt der Streit über die Segnung von gleichgeschlechtlichen Lebensgemeinschaften die Evangelische Kirche mancherorts bis an den Rand einer Zerreißprobe. Glauben Sie, daß es von Gott gewollt ist, daß nur Mann und Frau miteinander…

…als Ehe ja!

Aber wenn wir den Begriff Ehe draußen vor lassen, dann dürfen auch Mann und Mann, Frau und Frau?

Ja, sicher!

Man darf es nur nicht Ehe nennen?

Nein! Es ist etwas ganz eigenes, was anderes. Wenn ich sage, ich bin deutsch, und der andere ist Engländer, da kann ich nicht sagen, du bist auch deutsch, sondern er ist wirklich Engländer, gehört einer anderen Nation an. Ich merke schon beim Sprechen, dieser Vergleich hinkt sehr. Was ich sagen will: Es ist ein anderer Typus der Partnerschaft, und das sollte auch so benannt werden. Beispielsweise stimmt es doch, daß eine Ehe vom Ansatz her den Generationenvertrag über Kinder fortsetzt. Was homosexuelle Partnerschaften in dem Sinne nicht können, sie können nicht generativ Kinder in die Welt setzen – normalerweise nicht. Das ist so ein Unterschied. Wobei die Qualität, meines Erachtens, deswegen nicht geringer ist, aber anders. Und warum sollen wir es Ehe nennen?

Die entscheidende theologische Frage aber lautet: Ist beides gottgewollt?

Wir haben in der EKD-Orientierungshilfe zur Homosexualität gesagt, wir können den Willen Gottes dafür nicht in Anspruch nehmen. Wir haben kein Wort in der Bibel, wo die Homosexualität positiv bewertet wird. Das ist so. Allerdings kommen diese Fragen auch nur am Rande vor, sehr am Rand und in sehr zeitbedingter Weise. Wir haben allerdings Worte, wo sie negativ bewertet wird, wobei das eben bestimmte geschichtliche und kulturelle Hintergründe hat. Nach meinem Glauben sieht Gott das nicht negativ. Nach meinem Glauben freut Gott sich, wenn homosexuelle Menschen einander lieben und treu sind. Und wir als Kirche sollen alles tun, daß Menschen in ihrer Liebe und Treue unterstützt werden, auch Pastoren und Pastorinnen.

WER GLAUBT WEM NOCH WAS?

Das zerrupfte Glaubensbekenntnis

Als Pfarrerin haben Sie es getan, als Bischöfin tun Sie es immer noch, nämlich: Predigen! Glauben Sie alles, was Sie predigen? Oder kommen Ihnen manchmal selbst Zweifel an den Weisheiten und Wahrheiten Ihrer Predigten?

Ich hoffe nicht. Also, wenn ich mir die Predigten von früher angucke aus meiner ersten Zeit, so vor zwanzig Jahren, da denke ich: Oh, meine Güte, wie ist das dogmatisch gewesen. Aber ich denke auch, daß das Dogmatische von mir damals gefüllt gewesen ist. Im Nachhinein weiß ich nicht, ob die Menschen überhaupt damit etwas anfangen konnten. Vielleicht weniger mit den Worten, sondern mehr mit der Person, die zu ihnen sprach.

In manchen Situationen predige ich auch mir selber. Daß ich mir dann auch Glaubensaussagen nenne, die ich vielleicht zu 95 Prozent glaube und wo der letzte Zipfel noch fehlt. Aber ich würde nicht etwas sagen – hoffe ich –, wo ich eine Stunde später denke, nee, das glaube oder kapiere ich auch nicht.

Können Sie aber Menschen verstehen, die dem Prediger, ob Bischöfin oder Pastor, die Glaubensweisheiten nicht mehr abnehmen?

Ja! Das passiert mir auch manchmal, wenn ich unter der Kanzel sitze. Es geht mir so bei bestimmten Menschen, bei denen ich andere Alltagserfahrungen mache. Kanzelsprache soll keine Jargonsprache sein. Aber sie muß inhaltlich identisch mit dem sein, was ich im Alltag spreche und wie ich handele. Und da habe ich manchmal Nöte. Predigten im Altenheim und vor Jugendlichen haben eine ganz andere Sprache. Aber der Inhalt muß gleich bleiben. Und ich muß es beide Male erklären können und vor allem: ich muß es im Alltag unter Beweis stellen, es versuchen zumindest.

Lassen Sie uns das Glaubensbekenntnis in seiner überlieferten Form, wie es allsonntäglich im Mittelpunkt des Gottesdienstes steht, einmal durchgehen – es quasi Satz für Satz zerrupfen. Da heißt es zu Beginn: »Ich glaube an Gott, den Vater, den Allmächtigen.« Ist das Ihr Gottesbild?

Es stecken Glaubenserfahrungen dahinter in einer Sprache, die ich heute ganz anders benennen wollte. *Vater* zu sagen fällt mir im biblischen, traditionellen Stil gar nicht schwer. Ich selber würde es nie in meinem Gebet sagen, allerdings auch nicht Gott-Mutter, weil es mir dann in andere Richtungen überzogen ist. Ich rede dann bevorzugt vom barmherzigen Gott . Da ist für mich beides mit drinnen – barmherzig meint im Hebräischen und im Deutschen Mutterleib, Gebärmutter –, oder ich sage nur: Gott.

Genauso geht es mir bei *allmächtig*. Wie gesagt: die Worte Vater und Allmächtiger gehören nicht in meine persönliche Gebetssprache und nicht in meine Predigtsprache, wenigstens ganz selten, weil für mich zu der Allmacht Gottes immer auch die Ohnmacht mit dazugehört. Es ist sonst das Automaten-Gottesbild, der Vater, der alles macht, der auch alles kann. Gewiß: Gott kann alles. Aber es gibt Situationen, wo er seine Allmacht ablegt, wo seine Ohnmacht größer ist. Daß ich »allmächtig« nach Auschwitz lautstark und ohne Ergänzung verkündige, halte ich nicht für möglich.

». . . und an Jesus Christus, seinen eingeborenen Sohn«, so heißt es weiter im Glaubensbekenntnis. An wen glauben Sie, wenn Sie an Jesus Christus glauben?

Da kommt die ganze Erklärung danach, bei der ich es immer wieder bedauert habe, daß das Leben des erwachsenen Jesus Christus, des Menschensohnes, des Stellvertreters Gottes, des Gottmenschen nicht mitbenannt wird. Daß seine Worte, seine Taten, sein Für-Andere-Dasein, Sich-Für-Andere-Hergeben nicht die Würdigung haben, die sie eigentlich haben müßten. Die Anbindung an die altertümlichen Redewendungen empfinde ich für heutige Menschen als sehr schwierig. Wir haben oft versucht, es neu zu interpretieren.

Jungfrauen-Geburt, geboren von der Jungfrau Maria: Es soll die Besonderheit Jesu Christi herausstellen. Er ist ein Mensch wie wir und doch von Anfang an von Gott hervorgehoben. Er hat damals gelebt und doch mit einer Qualität, die anders ist als unsere menschliche, eben mit der göttlichen Qualität. Gott ist in ihm präsent gewesen – und geblieben, er hat in ihm und durch ihn deutlich gezeigt, wie er Glaube, Gemeinschaft gelebt haben möchte.

»Gekreuzigt, gestorben, auferstanden von den Toten, wird er kommen, zu richten die Lebenden und die Toten.« Der richtende Gott, der strafende Gott – oder Gott als ausgleichende Gerechtigkeit?

Die Kreuzigung Jesu ist und bleibt ein Ärgernis. Ich wünschte mir auch, Gott hätte einen anderen Weg gewählt. Aber er hat es so bestimmt. Es ist für uns auch heute trotz allen Ärgernisses erkennbar, daß dieser Weg ein heilvoller, hilfreicher Weg war und ist. Wir erkennen daran, daß eben nicht Erfolg und Macht alles im Leben sind, sondern daß Gott etwas zuläßt, was grausam ist, was unbegreiflich bleibt. Und danach doch sein Ja sagt. Sein Ja zu Jesus sagt. Unwiderruflich – für ihn und für uns.

Gott richtet. Gott richtet mit seiner Gerechtigkeit. Das haben wir nun von Paulus und Luther gelernt, daß bei Gott eine andere Gerechtigkeit ist, als wir uns das vorstellen. Es ist nicht die Gerechtigkeit, die stur nach dem Gesetz geht, sondern Gott gibt uns die Gerechtigkeit, die wir brauchen, die für uns notwendig ist nach seiner Sicht. Wir haben so viele auch schöne Bilder aus der Tradition dafür. Ob das der Erzengel Michael ist mit der Waage, wo auf der einen Seite unsere vielen schlechten Taten, Verhaltensweisen, Unterlassungen sind, und wo es dann aufgewogen wird um Jesu willen, aus der Barmherzigkeit um Gottes willen. Und es ist manchmal schon erschrekkend, wenn ich denke, was würde in deiner Sündenschale alles sein oder sozusagen auf deiner Negativ-Liste alles draufstehen. Und dann wieder ein Stück Ermutigung, zu wissen, es steht zwar viel darauf, aber auf der anderen Seite steht auch etwas drauf – nicht nur die eigenen Versuche, sondern eben Jesu Worte und Taten.

Weiter heißt es dann im Glaubensbekenntnis: »Ich glaube an den Heiligen Geist.« Was unterscheidet den Heiligen Geist vom Zeitgeist?

Das frage ich mich manchmal, wenn ich bestimmte Anwürfe höre. Doch der Heilige Geist ist ja keine Größe, die vor zweitausend Jahren oder fünftausend Jahren oder, was weiß ich, wann gewirkt hat. Sondern der Heilige Geist läßt sich jeweils auf die Zeit ein. Es ist die Kraft Gottes, mit der er wirkt. Männlich, weiblich, wir haben ja auch da Schattierungen, bis in die Kunstgeschichte hinein. Es ist die Wirkweise Gottes unter uns und für uns. Die zeigt sich sicher manchmal in zeitgeistlichen Erfahrungen, in positiver Weise, kann auch in negativer Weise angreifend erschütternd erscheinen. Der Heilige Geist ist ja nicht der Schönmacher, sondern er kann ja auch etwas durcheinander bringen, durcheinander wirbeln, uns auch vor den Kopf stoßen, damit wir – biblisch gesprochen –

umkehren, Buße tun. Er führt auch zu einer ganz anderen Spiritualität und läßt uns gegen den Strom schwimmen und die Bibel auch in hilfreicher Weise mal gegen den Strich lesen.

Schließlich kommt dann die Rede auf die Kirche als »Gemeinschaft der Heiligen«. Das fällt mir nun recht schwer zu glauben!

Nein, mir überhaupt nicht! Das finde ich sehr schön. Heilig heißt ja nicht, daß wir herausgehobene makellose Heilige sind, sondern wir wissen, wir sind Sünder und Gerechte zusammen, iustus et peccator, iusta et peccatrix. Wir sind beides zusammen, wir sind Sünder/Sünderinnen und Heilige. Das habe ich im Konfirmandenunterricht schon gelernt. Heilig heißt: wir haben Anteil am Heil Gottes. Das finde ich sehr ermutigend und schön, und die Sünder haben dieses Heil noch nötiger. Wir sind nicht besser als die anderen. Wir Christen und Christinnen sind keine qualitativ ethisch bessere Gruppe, sondern wir sind um Jesu willen besser dran. Gewiß, das sind so Redeweisen, die man irgendwann einmal mitbekommen hat und die tief verwurzelt sind und weiterhelfen.

Ja, das ist Gemeinschaft der Heiligen: daß wir wissen, daß wir nicht perfekt und vollkommen sind, daß wir wissen, auf uns warten Erlösung und Heil, Gottes und Christi Heiligkeit.

»Vergebung der Sünden, Auferstehung… und das ewige Leben« heißt es dann abschließend im Bekenntnis. Alles recht gewaltige Worte. Hätten Sie es nicht auch eine Nummer kleiner und konkreter?

Vergebung der Sünden: Das ist eine tägliche Erfahrung. Also abends das Gefühl zu haben, das, was du falsch gemacht hast, was dich belastet, wird dir von Gott vergeben, nicht vergessen, aber vergeben. Ich kann nur aus diesem Zuspruch heraus einschlafen und auch wohlgemut den neuen Tag anfangen. Das ist das Geschenk, das uns jeden Tag und alle Zeit neu gegeben wird. Wo spielt das ewige Leben heute eine Rolle? Ich denke, das spüren wir mehr, als uns so schlechthin bewußt ist. Zu sehen, daß mein Leben doch andere Kategorien hat, als nach außen sichtbar ist, andere als die (Leistungs-) Gesellschaft uns einhämmert. Nicht nur in Krisensituationen merke ich, daß da ein Stück Ewigkeit, ein Stück heilige, gute Gelassenheit hineinkommt. Es hängt nicht alles von mir ab. Ich bin eingebettet in eine große Gemeinschaft, und es geht nach dem Tod weiter. Wie das konkret weitergeht, hat mich selbst als Kind nicht interessiert. Ob das nun nur mit Seelen weitergeht oder anders: ob wir leiblich existieren werden, wie auch immer, ob der Himmel dann gar übervölkert ist – darüber mache ich mir keine Gedanken oder gar Sorgen. Eins jedoch wünsche ich mir: Ich möchte unversehrt sterben. Ich möchte nicht zerstückelt, ich möchte nicht verbrannt werden. Das ist mein menschlich-emotionaler Hintergrund. Ich weiß aber, daß das mit einem ewigen Leben überhaupt nichts zu tun hat und keine theologisch wichtige Frage ist.

Kirche braucht ein bißchen mehr Spinnerei

In den Schriften der Propheten ist die Rede »vom Gott, der so ganz anders ist als ihr es meint!« Also ein Gott, der Ihre Verkündigung ebenso sprengt wie jahrhundertealte kirchliche Traditionen. Aber auf welches Gottesbild ist dann noch Verlaß?

Auf kein einziges. Du sollst dir kein Bildnis machen, das Zweite Gebot, daß wir ja leider aus unserem normalen Katechismus herausgenommen oder draußen gelassen haben. Die Reformierten haben es wieder aufgenommen. Das ist sehr hilfreich zu wissen: Das eine Gottesbild allein kann es nicht sein. Siebzig Gesichter hat Gott. Das ist ein Wort aus der Tradition. Ich kann nur *ein* Gesicht sehen. Das heißt, ich brauche unbedingt das Gespräch mit den anderen. Und von den anderen muß ich deren Gottes-Bilder mitgeteilt bekommen, um mehr zu erfahren, um Austausch zu haben, um mein Gottes-Bild zu überprüfen. Ein Gottesbild darf nur gebraucht werden, wenn da mindestens etliche andere daneben sind. Wir sollen auch als einzelne wissen, daß wir unsere je eigene Gotteserfahrung haben, aber sie nicht absolut setzen dürfen. In allen Gottesbildern der Bibel kommt die Transzendenz mit zum Ausdruck. Sonst wäre es auch nicht Gott. Deshalb müssen alle neuen Gottesbilder sich an den biblischen Gottesbildern messen lassen oder sich von ihnen ergänzen lassen.

Gottesbilder sagen weniger etwas über Gott aus als vielmehr über die Menschen, die sich ihrer bedienen.

Ja, sicher. Denn, wenn ich sage, Gott hat siebzig Gottes-Gesichter, dann können zwei, drei immer nur einen Teil von Gott aussagen. Der Mensch hat ein, zwei oder mehrere Gottesbilder. Diese werden mehr über den Menschen sagen, weil er im Grunde genommen so klein und beschränkt ist. Von Gott kommt da nur wenig zum Vorschein, zur Sprache. Deswegen ist auch die Gemeinschaft der Heiligen wichtig, das Gespräch in der Gemeinde. Ich kann nicht nur für mich allein glauben, weil ich mich dann isolieren würde. Sonst würde ich nur einen kleinen Aspekt von Gott wahrnehmen und mich nie korrigieren lassen. Da brauche ich das Gespräch. Ich brauche die Auseinandersetzung auch mit der biblischen und kirchlichen Tradition, um mich daran zu reiben.

Theologie zu betreiben ist ja auch eine Weise, sich ein Bild von Gott zu machen. Das kann die christlich-abendländische Theologie bis heute nicht lassen. Dabei kommt es dann zu hitzigen Kontroversen, ob Jesu Grab nun leer oder voll war, ob Maria jungfräulich, ob der Heilige Geist männlich oder weiblich ist? »Haust Du meinen Jesus, haue ich Deinen Christus«, hat ein Theologe einmal sarkastisch bemerkt. Haben manche dieser theologischen Debatten nicht auch etwas Tragisch-Lächerliches?

So, wie Sie es eben geschildert haben, natürlich. Ich denke, es betrifft auch vieles, was wir in der Theologie betreiben, wo wir sagen und fragen, welchen Sinn hat das? Das merke ich sehr stark, gerade wenn ich mit Menschen zusammen bin, die wissenschaftlich-theologisch unbeleckt sind. Und trotzdem finde ich es wieder gut, daß wir weiterhin einen theologischen Freiraum oder theologischen Elfenbeinturm haben, denn es kommen manchmal ganz neue Ideen, und möglicherweise werden dadurch Wege geebnet, um den Glauben besser zu verstehen. Und diesen, im guten Sinne, Spielraum des Glaubens und der Theologie sollten wir uns erhalten. Wir merken, wie dringend wir theologische Fakultäten brauchen für die Kirche, damit Theologie lebendig bleibt. Aber auch für die Gesellschaft, damit das gesellschaftliche und philosophische Leben auch in Frage gestellt wird und die Frage nach der Transzendenz nicht auf die Kirche begrenzt wird. Und wenn dabei vielleicht 90 Prozent nicht unbedingt etwas Neues bringen, aber wenn da zehn Prozent oder drei Prozent Innovationen sind, haben wir schon viel erreicht dabei. Aber darin allein erschöpft sich die Bedeutung der Theologie noch lange nicht.

Aber viele dieser theologischen Spitzfindigkeiten sind gar nicht mehr vermittelbar?

Diesen Eindruck habe ich bei manchem. Da schalte ich selber auch ab. Ich denke allerdings, es muß auch nicht alles für alle vermittelbar sein. Das sollten wir uns auch gönnen, daß wir in der Theologie, in der Wissenschaft etwas betreiben, was, ganz profan gesagt, Spaß bringt. Nur muß die Theologie für die Menge der Studierenden natürlich auch etwas anderes mitbringen. Sie muß beispielsweise persönliche Erfahrungen und Fragen der Gegenwart auch in der Großstadt mit aufnehmen und das in Konfrontation setzen zur normalen theologischen Fragestellung. Denn das gibt es Gott sei Dank auch, daß viele Großstadtfragen, gerade aus dem interreligiösen Bereich, dort behandelt werden und dann in Konfrontation gesetzt werden mit theologischen Erkenntnissen oder Lehren aus dem Mittelalter oder aus der Alten Kirche. Solche Auseinandersetzungen sind nicht nur historisch wichtig, sondern sehr existenziell, heute noch oder wieder.

Manche Glaubensstreitigkeiten der vergangenen Jahrzehnte und Jahrhunderte sind heute nicht mehr nachvollziehbar. Denken Sie nicht, daß man in zwanzig, dreißig Jahren über das, was heute die rechtgläubigen Gemüter erregt, ebenso lächeln wird?

Das wird man sicher. Und man wird auch über vieles andere lächeln, was wir heute sagen. Auch im politischen und gesellschaftlichen Bereich oder wie wir mit unserer Hausarbeit umgehen oder mit neuen Techniken. Aber ich denke, es ist auch immer eine Frage der Zeit und der Entwicklung. Wir können vieles nicht überspringen. Und manche Prozesse brauchen diesen langen Umweg, daß wir oder andere nachher erkennen, es war nützlich oder auch völlig überflüssig. Solange wir es uns irgendwie leisten können, sollten wir uns ein bißchen mehr Großzügigkeit, ein bißchen mehr Spinnerei als nur die Enge einer kirchlichen Verlautbarung gönnen. Spinnstuben brauchen wir sehr viel mehr, um Gutes und Tragfähiges in unsere Kirche und Gesellschaft hineinzubringen.

Das Konstrukt mit dem Kreuz

Der Philosoph G. F. Hegel hat einst in seinem Tagebuch notiert: »Es ist so lange her, daß es bald nicht mehr wahr ist. So ist Christus schon so lange für unsere Sünden gestorben, daß es bald nicht mehr wahr ist.« Vielleicht hat der Philosoph ja recht – heute mehr denn je, da die Rede von der Erlösung am Kreuz immer weniger Menschen existenziell vermittelbar ist.

Erst einmal biblisch geantwortet: »Tausend Jahre sind vor dir wie ein Tag, der gestern vergangen ist, und wie eine Nachtwache.« So weit weg ist es dann nicht.

Wenn Jesus nicht gelebt hätte, wäre unsere Situation heute völlig anders. Ob Cäsar gelebt hat oder Napoleon, das ist längst nicht so wichtig für unser persönliches und gesellschaftliches Leben. Jesus jedoch ist sehr präsent durch Geschichten – Jesus mit seinen Worten, mit seinem Tod und seinem Leben und seinem Wirken. Die Zeitrechnung nach Christus ist nicht nur ein allgemeiner Hinweis, der dies zusätzlich zeigt. Für mich sind dann zweitausend Jahre keine lange Zeit.

Aber auch bei großzügiger Zeitenrechnung bleibt das Faktum einer fast schon sado-masochistischen Theologie: Das Kreuz, ein Folterinstrument, als Zeichen des Triumphes durch Jahrhunderte hindurch. Kann man so etwas noch erklären?

Man wird es nie erklären können. Das Kreuz bleibt ein Ärgernis. Es ist jetzt gerade erneut von der feministischen Theologie als solches bezeichnet worden. Denn diese schlichte Kreuzesfrömmigkeit können wir heute nicht in allen Situtationen ohne Schwierigkeit übernehmen. Es bleibt auch ein Ärgernis, daß Leid, Schuld, Kriege unser Leben verändern und zerstören. Geschehnisse, die wir ja auch selber machen. Und ich denke, das ist auch ein Zeichen, wie rätselhaft wir als einzelne Menschen oder als Gesellschaft sind. Und daß dann das Zeichen gesetzt wird von Gott: Dabei soll es nicht bleiben, sondern ich stehe trotzdem zu euch, ich schenke euch nach der Dunkelheit der Schuld auch das Licht der Vergebung, nach dem Tod ewiges Leben.

Das hätte Gott in seiner Allmacht auch anders machen können. Ich empfinde es immer wieder als eine recht steile theologische Argumentationskurve, wenn mir jemand erklären möchte, warum der liebe Gott das blutige Opfer seines eigenen Sohnes brauchte, um sich mit uns Menschen zu versöhnen. Andere Religionen bekommen die Erlösung sanfter, lebensfreundlicher hin.

Mir wäre es auch lieber, wenn es leichter gewesen wäre. Aber ich denke, es wäre dann auch eine, aus unserer Sicht, flachere Erlösung: daß wir über Glück, über gute Taten den Sinn unsere Lebens meinen erreichen zu können. Unser Leben ist nicht so glatt. Und Gott hat einen Weg gewählt, dem ich auch oft mit großen Fragen gegenüberstehe, wo ich dann aber auch denke, es ist gut, daß es auch frag-würdig bleibt. Wenn wir unser menschliches Leben in kleineren Größen sehen, ist da so viel Grausamkeit. Und vielleicht brauchen wir ja die noch größere Grausamkeit, daß Gott seinen eigenen Sohn für uns sterben läßt, damit wir überhaupt begreifen, daß wir gemeint sind. Wir würden es sonst nicht an uns heranlassen.

Aus dieser theologischen Konstruktion entstand ja auch die Düsterkeit des Christentums: Ein Todeskreuz im Mittelpunkt einer frohen Botschaft! Ist es werbestrategisch so geschickt, mit einem Kreuz zu arbeiten?

Wir sind keine Werbestrategen und die Kirche keine Schmeichelorganisation. Aber ich denke, es läßt sich sogar werbestrategisch ganz gut damit arbeiten. Das haben wir im Laufe der Kirchengeschichte manches Mal gehabt. Aus dem Kreuz heraus ist neues Leben gewachsen. Und wenn ich an die Kreuze denke gerade in Völkern mit einer einfachen Theologie – wobei einfach positiv gemeint ist –, so haben die ja auch einen anderen Zugang zum Kreuz. Bei uns gab es die Rankenkreuze der Gotik – aus dem Stamm des Kreuzes wuchs ein neuer Baum mit Blättern und neuer Lebenskraft. Oder: auf den Kreuzen Lateinamerikas sind häufig Frauen, die sich nicht an die Stelle des gekreuzigten Christus setzen, sich aber in seiner Nachfolge sehen. Es sind Glaubensbekenntnisse, daß diese Frauen das Kreuz für sich akzeptiert haben, weil sie den äußerst harten Alltag erlebt und gleichzeitig das Kreuz Christi als Siegeszeichen der Liebe Gottes für sich entdeckt haben. Es heißt, sie haben sich in das Kreuz hineingemalt und dann Karfreitag und Ostern in Einem gesehen. Während wir, gerade als Protestanten, vielfach bei dem höchsten Feiertag Karfreitag stehengeblieben sind und diesen Umschwung und Neuanfang zu Ostern nicht mit vollzogen haben. Und ich denke, es ist nicht voneinander zu trennen. Und die drei Tage, eine heilige Zahl, die wir auch in der Bibel als von Gott gemachten Neuanfang haben, die können wir beim Kreuz nicht draußen vorlassen. Es ist die Tiefe und dann doch die Höhe, die uns ja aufrichtet.

Das Kreuz als Siegeszeichen des Auferstandenen und Hoffnungszeichen für unsere Auferstehung – auch schon jetzt mitten am Tage mit unserem lebendigen Haar, mit unserer atmenden Haut, wie Marie Luise Kaschnitz es ausdrückt.

Auferstehung mitten im Leben – meint dies Hoffnung in oder trotz der Geschichte? Ist Gott für Sie ein Gott der Geschichte?

Ich denke, das ist das Typische bei unserer biblischen Gottesvorstellung, daß es ein Gott der Geschichte, ein

Gott auf dem Weg ist, daß vom Anfang der Welt seine Vorstellung, sein Wirken beschrieben wurde und er nicht stehengeblieben ist in der Geschichte Israels und daß wir vom Anfang bis zum Ende das Wirken Gottes ahnen, spüren. Das heißt nicht, daß wir deswegen besser werden, sittlich oder glaubensmässig uns zu Höherem entwickeln. Doch Gott führt uns weiter, auch, wie es in Israel war, durch große Not hindurch, durch Schuld hindurch, wo er immer wieder seine Gnade gezeigt hat. Und das ist auch für uns das Ermutigende im Glauben: Wir gehen voran, kommen manchmal ins Stolpern und wissen doch, es geht weiter, in seine Nähe, zu ihm hin.

Vom Liebesleben des lieben Gottes

Gott ist die Liebe! Wenn Sie als feministische Theologin die Liebe und Gnade Gottes predigen, fordern Sie auch ein neues Miteinander in der Welt, auch zwischen Frau und Mann. Die Welt muß weiblicher werden! Ist es nun wieder typisch Mann, wenn ich bei all dem auch nach Sex, nach Sexualität frage? Von der Liebe Gottes bis zum Sex?

Also, da hätte ich Schwierigkeiten, die Liebe Gottes und »Sex« in Verbindung zu bringen, weil »Sex« für mich eine sehr despektierliche Ausdrucksweise ist. Gott und Sexualität gehören eng zusammen. Enger zusammen, als wir es in unserer Traditionsgeschichte überhaupt beachtet haben. Eine interessante Erwähnung vielleicht. Ich bin letztes Jahr auf einer interreligiösen Tagung gewesen zum Thema Religion und Hierarchie. Ich kam aus den Debatten unserer Synode über neue Lebensformen, Ehe, Homosexualtität, Segen für eheähnliche Partnerschaften oder nicht. Ich kam nach Asien, nach Thailand. Insbesondere buddhistische Nonnen zeigten deutlich, daß die Religionen eine Hierarchie aufgebaut haben über die Sexualität, in der die Sexualität von Männern verwaltet wurde, in der Frauen ihrer Rechte beraubt wurden, eingesperrt wurden in die männlichen Vorstellungen von Sexualität, ob sie Jungfrauen, Ehefrauen oder Witwen waren. Wir Frauen aus den verschiedenen Religionen stimmten überein, daß Gott und Sexualität positiv zusammengehören und Sexualität eine Ausdrucksweise der Liebe Gottes ist, die er uns Menschen weitergibt und die entfaltet werden muß und nicht unterdrückt werden darf.

Gerade der Vergleich mit anderen Religionen läßt mich nach dem Liebesleben des lieben Gottes fragen. Nun muß Gott nicht auch noch für Sex-Schlagzeilen sorgen. Aber ich denke daran, daß in anderen Religionen Sexualität und Religion sehr viel selbstverständlicher miteinander verbunden sind und sich dort auch die Götter im Himmel aneinander erfreuen. Sicherlich fällt dies in einer monotheistischen Religion schon schwerer. Aber ein bißchen mehr Freude statt Schmuddelecke wäre doch angesagt?

Vielleicht haben wir da auch unterschiedliche Vorstellungen. Sex ist für mich wirklich negativ, weil da fast auf eine unterdrückende Weise Sexualität gesehen wird oder auf eine billige, käufliche Weise. Sexualität gehört nicht in die Schmutzecke, das haben wir zu lernen. Und in unserer Kirche haben das viele gelernt, insbesondere in Diskussionen über HIV, in der Betreuung von Aids-Kranken oder in unseren Aids-Gottesdiensten. Durch die vielen Homosexuellen, durch die homosexuellen Gemeindemitglieder, Pastoren und Pastorinnen, die ihre Sexualität ganz anders in die Diskussion einbringen. Es wurde auch Zeit, daß wir lernen, Sexualität als gute Gabe Gottes wieder zu entdecken. Es verwundert deshalb auch nicht, daß das Hohelied Salomos Hochkonjunktur hat, wenigstens im Medien-Markt, wo eine Buchausgabe nach der anderen erscheint. In wunderschöner Weise, kalligraphisch oder mit Bildern. Das zeigt eigentlich die Sehnsucht, die wir haben, nach einer gottgesegneten Sexualität. Und ich hoffe, daß wir es in dieser Generation allgemein schaffen, einen positiven Zugang zu finden und nicht die Sexualität zu verurteilen, zu verdammen oder eben so isoliert zu preisen und zu lösen, daß sie dann wieder mit dem Menschen und dem Glauben nichts zu tun hat. Diese Diskussion führen wir in der evangelischen wie in der katholischen Kirche in Deutschland und in anderen Ländern. Sie wird genauso geführt in jüdischen Gemeinden in Deutschland und weltweit. Und das ist ein deutliches Zeichen, daß wir zu lange Zeit voneinander getrennt haben, was eng zusammengehört. Denn die Liebessprache im Glauben ist in der Bibel nicht selten zu finden, und die alten Bilder Gottes sind nicht frei von Sexualität. Sie wurden bloß anders übersetzt.

Protestantische Prüderie und katholische Leibfeindlichkeit finden in der Bibel wenig Deckung. Wenn ich etwa an das Hohe Lied der Liebe im Alten Testament denke – da wird Tacheles geredet und Sexualität beim Namen genannt, fast schon nicht mehr jugendfrei.

Jugendfrei ist es sehr wohl. Es ist auch kinderfrei, weil es in einer so reinen und schönen Sprache geschrieben ist. In einer Bildsprache und immer mit Hochachtung. Es ist ja so frei, daß es dann in späterer und prüderer Zeit uminterpretiert oder als Allegorie ausgedeutet wurde: Gott und Israel oder Gott und die Kirche, weil man sich nicht vorstellen konnte, daß menschliche Liebe biblisch so beschrieben werden kann. Es fehlt ja auch der Name Gottes im Hohen Lied. Da haben wir eine Menge zu lernen, nachzuholen und uns neu beschenken zu lassen. Auch sonst sind die Gottesbezeichnungen oder die Gottesbilder in der Bibel voll von Sexualität, im anständigen Sinne, so muß ich fast betonen. Wir können nachlesen, daß Gott Menschen gezeugt hat, daß er Menschen geboren hat. Da unsere Vorväter sich das allerdings nicht vorstellen konnten, haben sie es anders übersetzt: Ein

Beispiel: »Gott, der Allmächtige«. Da steht im Hebräischen ein Wort, das in der Bibel sonst nur mit Brüsten übersetzt wird. Das heißt, Gott der Brüste; das ist die Fruchtbarkeit des weiblichen Körpers mit Gott in Verbindung gebracht. Wir können das bei alten Segnungsformulierungen sehen, wo beispielsweise Menschen gesegnet werden sollen, so wie in 1.Mose 49,25f.: »Von dem Allmächtigen seist du gesegnet mit Segen oben vom Himmel herab, mit Segen von der Flut, die drunten liegt, mit Segen der Brüste und des Mutterleibes ...« Das ist in der alten Zeit auch ohne Schwierigkeiten zusammen gesehen worden, bis man dann leider die Sexualität durch philosophische Einflüße in den Bereich der Sünde und des Negativen verwiesen hat.

Liebe wird spiritualisiert, aus der Geschlechtlichkeit wird Geistigkeit. Es ist ein kulturgeschichtlicher Prozeß, daß Jesus wohl noch ein Liebesleben hatte, der Papst heute aber sicherlich nicht mehr.

Also diese vielen Spekulationen! Hatte Jesus ein Verhältnis mit Maria Magdalena oder hatte er dieses oder jenes? Es gibt da ja viele Bücher. Ich muß sagen, mich interessiert das gar nicht. Ich denke nicht, daß Jesus so asketisch war, daß er sich vor Frauen ängstlich zurückgehalten hat. Ob er verheiratet gewesen ist, wie es jeder normale Rabbi war, oder ob er es nicht gewesen ist? Er hat ganz gewiß nichts gegen eine gute Sexualität gehabt; seine Jünger waren nicht nur Junggesellen, sondern waren auch verheiratet. Und die Jüngerinnen, die in seiner Begleitung gewesen sind, sind enge Freundinnen gewesen. Ob Sexualität eine Rolle spielte oder nicht, weiß ich nicht. Dem können wir auch nicht nachforschen, aber sie ist ganz bestimmt nicht verteufelt gewesen.

Aber welche kulturgeschichtlichen Einflüße haben dies verändert und verschüttet?

Das ist in der frühen Kirche so geschehen, aber genauso in der jüdischen Tradition, daß der Neuplatonismus getrennt hat: Geist = männlich; Körper, Emotionen = weiblich. Alles Weibliche mußte verändert werden. Maria Magdalena konnte akzeptiert werden; sie sollte aber geändert werden darauf hin, daß sie wie ein Mann ist. Das heißt, alles Emotionale mußte abgelegt werden. Und damit hat unser Glaube sehr viel an Kraft verloren, an Alltagsgestaltung verloren, an Freude und Verantwortlichkeit des menschlichen Körpers, auch der Umwelt, der Natur, weil die ja auch in den Bereich des Inferioren mit gehörte. Das ist durch den Versuch, ganzheitliche Theologie, ganzheitliches Leben wieder in Gang zu setzen, ein wenig korrigiert worden. Aber es besteht durch die Sozialisation bei vielen Männern noch die Angst, diese niederen Bereiche wieder mit Geistlichkeit, mit dem geistlichen Denken in Verbindung zu bringen. Das müssen wir gründlich aufarbeiten und alle wieder als Bereicherung sehen und fördern in der Erziehung und im Miteinander. Und das heißt eben auch, theologische Geschichten und Traditionen neu zu hinterfragen. Die Bibel in manchem wieder wörtlicher zu nehmen.

Aber entstammt nicht auch der Bibel jene verhängnisvolle Überlieferung, daß durch das Weib die Sünde in die Welt kam?

Nein, das sagt die Bibel nicht. Das sagen die neutestamentlichen Episteln. In der hebräischen Bibel ist es überhaupt nicht so. Wir können dann sagen, die Sünde ist eher durch den Mann in die Welt gekommen.

Das ist Lastenverschiebung – jetzt kriegen wir es ab?!

Das ist in der Tat eine Lastenverschiebung. Das können wir Frauen getrost sagen, und deswegen würde es sich dann ausgleichen. Eva ist neugierig gewesen, sie wollte mehr wissen, sie wollte alles wissen, um auch verantwortungsvoll das Leben zu gestalten. Adam bekam Angst, hat sich versteckt, hat gekniffen und das ist, denke ich, viel schlimmer. Aber dieser Rückblick auf Adam und Eva hat eine unheilvolle Geschichte bis heute. Daß die Frau mit Sexualität, mit Sünde, mit Widerstand gegen Gott in Verbindung gebracht wird.

Aber jene biblische Erzählung ist nicht zu überlesen, die dem Weib die Sünde zuschreibt.

Ja, aber nicht laut Bibel, sondern laut neutestamentlicher Epistel. Gerade aus dieser Zeit, in der schon getrennt wurde zwischen Geist und Körper, Männer und Frauen, wo sich Frauen unterordnen sollten. Von der Mitte der Bibel her gesehen ist es anders. Und es ist sicher so, daß die Frauen später in diese Rolle gedrängt wurden, weil ein bestimmtes Sexualitäts-Denken und Machtstreben die Männer geprägt hatte und wohl auch der Neid, daß Frauen Leben hervorbringen können, so daß das irgendwie kompensiert werden mußte. Das sind zwar Theorien, aber die doch oftmals passen. Und ich denke, indem die Erkenntnis nachher auch gewachsen ist, daß zur Herstellung, zum Möglich-Werden neuen Lebens Mann und Frau zusammengehören, da hätte diese Abwertung auch überwunden sein müssen. Und wenn wir so wollen, wenn wir unseren Glauben ernst nehmen, so ist immer Gott als dritter Partner dabei. Das hätte eigentlich eine positive Auswirkung haben müssen, wie sie auch im Judentum durch die Jahrhunderte gepflegt wurde. Da wurde beispielsweise der Geschlechtsverkehr zwischen Mann und Frau als eine besondere, heilige Angelegenheit gesehen, die Platz haben sollte am Schabbat. Es galt das Gebot: »Ihr sollt sein wie Gott und neues Leben schaffen.« Und ich denke, das wird eine andere Beziehung sein, daß man dann auch nicht die Frau verdächtigt wegen der Sexualität, sondern die Frau ehrt wegen einer besonderen Rolle in der Sexualität.

Diese Heiligung von Sexualität kann nun ebenso leicht umkippen in eine Vergeistigung, – Hure oder Heilige!

Das sind die beiden Bilder, die wir von Frauen haben. Die Hure Maria Magdalena, oder auch Eva, und die Heilige, die Maria, die Madonna, die im Himmel ist. Das sind beides Versuche, mit einer als unheimlich oder unheilig verstandenen Sexualität umzugehen. Und es wäre gut, wenn wir diese beiden Bilder als Gegenpole vielleicht noch sehen, aber in der Mitte eine ganz normale Frau sich entwickeln lassen, auch in der Vorstellung von Männern, und sagen, es gibt in jeder Frau, in jedem Mann auch beide Seiten, aber ein Ausgleich muß da sein. Die normale Frau, ob sie nun Liebesobjekt der Männer ist, ob sie Ehefrau, ob sie Mutter ist oder ob sie auch als Single leben will/muß. Die normale Frau ist nicht extrem, sondern in erster Linie Gottes Ebenbild, sein gutes, sehr gutes Geschöpf. Es ist nicht länger hinnehmbar, daß Frauen von Männern so oder so definiert werden. Frauen sind nichts Abgeleitetes, sondern selbständige Menschen, von Gott geschaffene und geliebte Töchter.

Eine Bischöfin für die Randgruppen

Mit dieser in Theologie und Kirchengeschichte häufig anzutreffenden Verknüpfung von Sexualität und Sünde ist wahrscheinlich auch zu erklären, daß wir uns heute noch mit bestimmten Krankheiten, etwa Aids, so schwer tun.

Das hängt sicher damit zusammen. Ich merke es insbesondere an Briefen, die ich bekomme, aber auch in Gesprächen, daß da viel Unsicherheit und Unverständnis ist. Es erregt Anstoß, daß wir in Hamburg beispielsweise zwei Aids-Pastoren haben. Da wird gefragt: Warum haben die ein Anrecht auf besondere Seelsorge und die MS-Kranken nicht, die Krebs-Kranken nicht, und, und, und.

Das frage ich mich zwischendurch auch manchmal, aber dann merke ich wieder, daß Aids-Kranke in der Bevölkerung doch abgelehnt werden, weil sie ja insbesondere in Deutschland überwiegend homosexuell sind. Das heißt, sie hätten ihre Krankheit durch schmutzige Kontakte bekommen, wie dann geargwöhnt wird. Während Krebs- oder MS-Kranke unschuldig erkrankt sind. Ich kenne es auch von Aids-Kranken, daß offiziell gesagt wird, der ist aber unschuldig, d.h. die, die homosexuelle Kontakte pflegen, sind schuldig. Und ich weiß es von vielen Aids-Kranken, wie schwer sie mit eigenen Schuldvorwürfen zu leben haben. Wie schwer es ist, in ihren Familien und Gemeinden diese Thematik anzusprechen. Daß bei Beerdigungen heute noch von Krebs gesprochen wird, wenn sie in ihrer Heimatgemeinde beigesetzt werden, und daß die Familie es kaum verkraften kann, daß in der Öffentlichkeit ihr Sohn als schwul bezeichnet wird.

Das ist ganz eindeutig das Erbe der Kirchengeschichte, das wir zu tragen haben und das im Dritten Reich seinen Höhepunkt fand. Wir erleben es doch immer wieder, daß bei allen Gedenkfeiern neben den Juden die Sinti und Roma, die Fremden, die Zeugen Jehovas vielleicht noch genannt werden. Aber die Homosexuellen werden in den Zusammenhängen sehr selten genannt.

Was steht hinter dem oft vorbildhaften kirchlichen Engagement für Aids-Kranke: Wirkliche Akzeptanz von Homosexualität oder eher Mitleid, ein Werk der Barmherzigkeit?

Ich denke, es sind ganz unterschiedliche Motivationen, die bei uns da sind. Ich habe sicher mein Engagement in der Aids-Hilfe oder für Homosexuelle begonnen aus Verantwortung für unterdrückte Minderheiten. Das sehe ich auch weithin für viele Gruppierungen, die von der Gesellschaft, von der Kirche ausgegrenzt waren. Inzwischen stehe ich in der Arbeit so, daß dieses im Hintergrund zwar noch da ist, aber es sind für mich keine Opfer, für die ich sorgen muß. Es sind Mitglieder unserer Gesellschaft, und ich freue mich, daß bei uns in der Kirche auch homosexuelle Pastoren und Pastorinnen sich regelmäßig treffen. Wir haben nicht wenig schwule und lesbische Pastoren und Pastorinnen in Hamburg, mit denen ich in Kontakt bin und wo ich merke, daß ich aus deren Sicht eine Menge lernen kann für unser Kirche-Sein, wo wir vielleicht auch unsere Strukturen verändern müssen. Und sie haben oft eine Feinfühligkeit, die wir Heterosexuellen abgelegt haben oder, anders gesagt, die heterosexuellen Männer insbesondere abgelegt haben. Wir Frauen haben noch so ein Stück Leidenserfahrung als an den Rand gedrängte Gruppe, auch in der Kirche. Geschichtlich geprägte und weitergegebene Leiderfahrung, und ich möchte dieses auch wachhalten für uns alle, und dann auch eben von den Homosexuellen oder von den Aids-Hilfe-Menschen ausgehend für andere dasein, um ein Stück Hoffnung, ein Stück Leben zu zeigen. Die Fremdheit der homosexuellen Sexualität spüre ich häufig, insbesondere von Bisexuellen. Die ist mir völlig fremd, wenn ich es auf mich übertrage . Aber ich möchte auch nicht meine eigene Sexualität auf alle anderen Heterosexuellen übertragen wissen. Sondern es gibt dann auch ein Stück Respekt vor der Vielfalt der Schöpfung. Das ist eine Erkenntnis, die ich vielen in unserer Kirche wünsche. Ich bin oft erschrocken, wie hartherzig, wie lieblos mit Menschen umgegangen wird, über Menschen bestimmt wird, die anders sind, insbesondere die sexuell anders veranlagt sind als die Mehrheit.

Sie haben von der Verantwortung für Minderheiten, für Ausgegrenzte gesprochen. Man nennt Sie »eine Bischöfin für die Randgruppen«. Trifft Sie dieser Satz?

Das hat mich am Anfang manches Mal getroffen, inzwischen nicht mehr. Denn was meint am Rande? Wir alle sind irgendwo am Rande. Da argumentiere ich gern ganz kirchlich, biblisch: Im Zentrum ist allein Jesus Christus, wir anderen sind alle am Rand. Wer dichter dran ist oder weiter am Rand, das zu beurteilen ist nicht unsere Aufgabe. Randgruppen sind die höheren Wirtschaftsleute, die Akademiker, die Rentnerinnen, die Polizisten, die Kinder. Die höchsten Juristen fühlen sich auch als Randgruppe. Ohne Zweifel, wir sind alle am Rande – nicht nur von der christozentrischen Prägung und Sicht her. Andererseits: die Gesellschaft ist nicht mehr einheitlich mit einer breiten Hauptschicht und wenigen am Rand.

Und ich merke es von meiner Zeiteinteilung her und habe das sehr genau beobachtet, daß ich ein Vielfaches für die eher höheren Randgruppen benötige und eine wirklich geringe Zeit und Kraft für die mehr unteren Randgruppen, wenn wir das in der allgemeinen gesellschaftlichen Werteskala betrachten. Vom Evangelium ist es uns aufgetragen, für alle da zu sein, die an den Rand gedrängt sind, die niedergeschlagen sind. »Kommt her zu mir alle, die ihr mühselig und beladen seid.« Ob die Last so oder so ist. Zudem ist es doch so, daß die höheren Randgruppen sich oftmals in vielen Fragen selber helfen können, daß ich denen auch Mut mache, gegebenenfalls ins Pastorat zu gehen oder in die Evangelische Akademie, daß sie da andere Angebote für sich finden können oder das Gespräch mit kirchlich Verantwortlichen auf andere Weise suchen. Während ich bei den unteren Randgruppen erlebe, daß die Schwellenangst unüberwindbar groß ist, weil sie allzu oft auf Ablehnung und Verachtung gestoßen sind. Mir ist es wichtig, da auch ein deutliches Zeichen zu setzen, daß sie bei der Kirche nicht nur geduldet, sondern wirklich willkommen sind.

Immer wieder wundere ich mich, wie wir uns als Kirche von dem Heilsruf Jesu entfernt haben. Völlig klar ist doch den meisten, daß all meine Besuche bei den höheren Randgruppen selbstverständlich sind, weil das von Kirche, von einer Bischöfin erwartet wird, daß sie bei allen besseren Empfängen dabei ist. Aber das Zusammensein mit Obdachlosen, Asylsuchenden, Homosexuellen, Prostituierten, Flüchtlingen und Armen – das soll nicht auf Kosten der anderen geschehen und schon gar nicht zu viel Aufmerksamkeit erlangen.

Was fehlt, wenn Kirche fehlt

Kirche als Ort gesellschaftlicher Integration – auch nur eine Vision?

Es ist ein Stück Vision, die aber sehr viel mehr Wirklichkeit wird, als wir es uns oft vorstellen. Ein Reichtum, den die Gesellschaft sonst im großstädtischen Bereich in dieser breiten Begegnungsweise weitgehend aufgegeben hat.

Fehlt etwas in dieser Gesellschaft, wenn Kirche fehlt?

Ja! In doppelter, dreifacher Weise: für den Glauben, für Gott und Jesus würde Entscheidendes fehlen – überhaupt für die einzelnen Christen und Christinnen und für die Gesellschaft. Bleiben wir bei dem gesellschaftlichen Bereich. Die Finanzen werden knapp für die Kirche. Jetzt fangen Politiker und andere an, Kirche zu benennen und zu ermahnen, sie sei wichtig für bestimmte Aufgaben. Sie sei wichtig für die Wärme der Gesellschaft. Man ahnt, ohne Kirche würde manches Bindeglied fehlen. Die Frage des Buß- und Bettages hat das deutlich gezeigt. Als er gestrichen wurde als gesetzlicher Feiertag, hat man gedacht, die Feiertage hätten keine große Bedeutung für eine Gesellschaft. Daß eine weitgehend unkirchliche Gesellschaft doch kirchliche Feiertage braucht und wieder eingeführt haben möchte, das war den politischen Verantwortlichen nicht klar, war vielen von uns in der Kirche und der Gesellschaft auch nicht so bewußt. Alle haben gemerkt, daß mit der Streichung sehr viel mehr wegfällt.

Bis heute ist es doch so, und ich bin sicher, es bleibt so: Wir als Kirche gestalten die großen Feste: Ostern, Weihnachten mehr, als viele es sich vorstellen. Die gut besuchten Gottesdienste am Heiligen Abend zeigen deutlich, welche Sehnsucht nach Geistlichkeit, nach Orientierung und – salopper gesagt – nach geistlichen »Streicheleinheiten« da ist. Aber auch die Hoffnung, wenn gesellschaftliche Not ausbricht, auf ein deutliches Wort der Kirche, ein kritisches Wort, auch wenn es nicht in die eigene politische Meinung hineinpaßt. Man erwartet das, man fragt nach, man fragt heute, wo bleiben die Werte. Werteverlust wird schnell gesagt. Ich denke, es ist kein Werteverlust, sondern ein Wertewandel hat eingesetzt oder ein Anspruchswandel. Es wird deutlich, Kirche ist notwendig, auch als Institution, die wider den Stachel löckt.

Ist Kirche in dieser Gesellschaft letztendlich ein Dienstleistungsbetrieb – etwa in Fragen der religiösen Kultur, der Bildung, der Sozialarbeit?

Das ist richtig. Man kann das negativ sehen, eben ein Dienstleistungsunternehmen wie andere. Ich würde das positiv sehen. Dienen ist der Begriff, der uns in der Kirche sehr vertraut ist. Das ist der Titel, den Jesus auf sich selber angewandt hat, der einzige, der authentisch-jesuanisch ist. Er ist der Diener, wir haben zu dienen, wir haben unsere Angebote zu machen im geistlichen Leben, mit regelmäßigen Gottesdiensten und Andachten, in den Kirchen, in den Medien und im kulturellen Bereich. Was würden wir ohne Johann Sebastian Bach machen, ohne Oratorien, ohne Passionsmusik? Wir haben Angebote im sozialen Bereich, ob das die Kindertagesstätten oder die Krankenhäuser sind, die in ihrer besonderen Weise als konfessionelle Krankenhäuser gewünscht werden. Wir haben sozialen Dienst in sehr vielen Sozial-Diakonie-Stationen oder in der Flüchtlingsarbeit. Das ist ein Dienst, den wir zu bringen haben, den wir auch so bringen wollen als Kirche, damit deutlich wird, unser Engagement kommt vom Glauben an Gott her und will nicht die anderen dazu zwingen, aber sie dazu einladen. Das ist also einmal ein Dienstleistungsbetrieb, der hineinpaßt in die Gesellschaft. Er ist aber nicht so billig zu haben, damit wir nur Lücken füllen, sondern er ist nur zu haben, indem wir dann auch deutlich unseren Widerspruch anmelden, wenn in der Gesellschaft neue Entwicklungen kommen, wo Menschen bedrängt sind oder sogar Menschen unwürdig leben oder abgewiesen oder abgeschoben werden.

Noch präziser auf den Punkt gebracht: Was ist das Produkt, das Sie als Kirche auf dem Markt anbieten?

Wir bieten das Produkt der »Liebe Gottes« an. Das ist ganz einfach. Die Liebe Gottes, daß Gott uns liebt, daß wir Gott lieben können, und wir können Gott lieben, indem wir Nächstenliebe betreiben. Und das zu verbreiten, das kann über die Musik geschehen, das kann über die sozialen Aufgaben sein, das kann über den Gottesdienst sein. Dies alles gehört eng zusammen. Wenn es isoliert wird von der Liebe Gottes, dann ist es verzichtbar. Wobei Sozialarbeit oder Kindertagesstättenarbeit nicht unbedingt mit einem ausgesprochenen Gebet und frommen Lied zu geschehen haben, sondern wir müssen dann auch sehen, wie können wir die Liebe Gottes den anderen nahe bringen. Vielleicht mal Verzicht auf ein deutliches Wort, aber dann aus den Gründen heraus, damit wir Menschen nicht verschrecken, sondern sie gewinnen für die Liebe Gottes. Und die ist dann wichtiger als die Institution Kirche.

Aber: Mehr Mut zu christlichen Glaubensworten und zu biblischem Zeugnis brauchen wir alle, zumal immer mehr unter uns leben, die vom christlichen Glauben kaum etwas oder gar nichts wissen. Die Scheu vor gelebter und benannter Frömmigkeit muß überwunden werden. Das ist eine Notwendigkeit in unserer säkular und auch multikulturell gewordenen Gesellschaft.

Das Unternehmen Gottes

Jede Firma ist nur so gut wie ihre Berater, die nüchtern abklopfen, wo es lang geht, was sich als Unternehmensziel rechnet. Gehört nicht auch Kirche auf den Prüfstand einer Unternehmensberatung?

Ja, wir haben einzelne Kirchenkreise, die es gemacht haben. Ich habe sehr viele Papiere dazu auf dem Schreibtisch liegen gehabt. Und wenn ich diese Papiere sehe, muß ich eingestehen, vieles Gute ist da dran, wo es um Entlastung geht, wie Abläufe rationalisiert werden können, wobei es mir dann wiederum schmerzhaft wird, wenn wir Menschen auf die Straßen setzen müssen. Und ich beschäftige dann lieber Menschen, die vielleicht nicht so effektiv arbeiten, aber Lohn und Brot haben und vielleicht auch zeigen, daß Kirche sich um schwache Leute mit kümmert. Das ist die eine Seite. In den Finanzberatungen zählt diese dann wenig, sondern dann gehts hart dran. Wobei wir allerdings nicht ein Unternehmen sind wie andere. Zwar sind manchmal Formulierungen da, die dann doch auch das Geistliche, das Menschliche, das Offene einer Kirche an den Rand zu drängen drohen, will ich mal vorsichtig sagen, aber ganz können sie uns, wir uns- Gott sei Dank – nicht vom biblischen Auftrag und dem damit verbundenen Ruf zur Barmherzigkeit lösen. Außerdem: Wenn es nur nach Kundenorientiertheit geht, dann spielen die Schwachen nachher keine Rolle mehr oder jene, die keine Kirchensteuern bezahlen können. Außerdem darf es nicht konsequent dazu führen, daß nur noch die Bedürfnisse erfüllt werden, die die Menschen haben. Ich denke, in manchem dürfen wir gerade nicht Bedürfnisse erfüllen, sondern wir haben eine Aufgabe von Gott her. Wir haben gegebenenfalls gegenanzugehen, wenn ich beispielsweise ans Dritte Reich denke: Da gab es das Bedürfnis nach nur deutschem Christentum. Was wäre Kirche gewesen, wenn sie voll diesem Bedürfnis nachgekommen wäre? Das heißt, ich muß dann auch Zeichen setzen, die vielleicht nicht kundenorientiert erscheinen, die aber als Signale der Liebe Gottes notwendig sind. Die Frage stellt sich heute sicher in unserem Engagement für Arme, für ausländische Menschen, für Asylsuchende und für alle an den Rand Gedrängten und letztlich Abgeschriebenen. Das darf nicht unternehmerisch gesehen werden, oder eben von dem Unternehmen Gottes her.

Die alte Kirche hat sich Säulen-Heilige geleistet, die einfach nur auf ihrer Säule waren und gebetet haben. Das müssen wir als Kirche auch wieder stärker sehen, wir müssen den »Luxus« der Barmherzigkeit, des Gebetes, den »Luxus« der Bibellektüre und des Theologietreibens weiter haben, allerdings in vertretbarer Weise. Wir brauchen zusätzliche Kriterien für unser Kirche-Sein über den Markt hinaus – vom Himmel direkt.

Nur, wie erkennen wir, was immer richtig und notwendig ist?

In der evangelischen Kirche mehren sich die Stimmen, die ein deutlicheres protestantisches Selbstbewußtsein anmahnen. Der Slogan »Evangelisch aus gutem Grund« macht die Runde. Da drängt sich allerdings die Frage auf: Aus welchem »guten Grund«?

Was Sie da ansprechen ist eine Initiative aus Hessen und Berlin, das Logo klebt auch als Aufkleber an meinem Auto. Es wird manchmal gedeutet als anti-ökumenisch. Besser wäre evangelisch *auf* gutem Grunde, nämlich auf dem Grund der Bibel. Es ist wichtig, uns darüber klar zu sein, daß wir als Kirche eine Ausstrahlung haben. Wollen wir die Ausstrahlung als Institution, oder wollen wir sie vom Inneren her, vom Geistlichen her? Darum bemühen sich so ein Motto oder andere Kampagnen auch. Ich habe bei den Öffentlichkeitskampagnen die Bedenken, daß wir nach außen sehr viel vorgeben, was wir innen nicht einhalten können. Und dann sage ich lieber: keine Kampagne! Versuchen wir, im Inneren gut zu wirken und von da auszustrahlen. Mein Wunsch ist allerdings, das sage ich ganz offen, gute innere Arbeit, auch Eingestehen von Fehlern, die da sind, und dazu eine gute Öffentlichkeitsarbeit. Die nicht auf Hochglanzpapier Großes der Kirche benennt, sondern die Alltagserfahrungen in den Gemeinden, Diensten und Werken beim Namen nennt und damit auch einladend wirbt. Leider haben wir als Kirche jedoch ein gestörtes Verhältnis zur Öffentlichkeitsarbeit oder auch zu den Medien, indem wir sie zum Teil vergötzen oder verteufeln. Das ist ähnlich wie bei der Sexualität. Bereiche, die lange Zeit unter unserer Würde waren, vor denen wir Angst hatten. Wir müssen sie neu entdecken als eine Chance, Kirche darzustellen, als eine positive Chance. Das muß uns auch etwas kosten, aber da scheuen sich die meisten. Ich muß sagen, daß die Arbeit mit Medien mir sehr viel gebracht hat an Deutlichkeit, auch an Kirchenferne, die in unserem Normalbereich des Lebens da ist, die aber von keinem so deutlich benannt wird wie von Medienleuten. Und die können uns deutlich den Spiegel vorhalten, und dann stellt sich die Frage, wie reagieren wir darauf?

Der religiöse Selbstbedienungsladen

Handeln tut Not, denn die Leute rennen Ihnen weg. Die Zahl der Kirchenaustritte ist weiterhin Grund genug, sich Sorgen zu machen. Und doch gibt es auch die tiefe Sehnsucht der Menschen nach Sinn. Was läuft da verkehrt: auf der einen Seite die verzweifelte Sinnsuche der Menschen und gleichzeitig die zumindest statistische Erfolglosigkeit der Kirchen?

Es rennt keiner weg von der Kirche. Wer rennt, hat Angst. Laufen sie weg? Auch wenn es Medienleute gerne so sagen, dann stimmt es noch lange nicht. Manche gehen weg, das ist richtig. Aber die Kirchenaustritte haben eine entscheidende Wendung genommen, zumindest in dem Bereich, wo ich verantworlich bin. Wir haben 1995 über zwanzig Prozent weniger Kirchenaustritte als im Jahr vorher und 1996 knapp dreißig Prozent weniger.

Im Vergleich zu anderen Groß-Institutionen stehen wir sehr gut da. In Hamburg sind die Austritte also deutlich rückläufig. Ich denke, es hängt damit zusammen, daß Kirche erkennbar geworden ist. Es laufen die Leute nicht weg, die Leute versuchen, Geld zu sparen. Sie sind zum Teil schon sehr entfernt gewesen von der Kirche und versuchen dann, das Geld da zu sparen, wo sie sagen, es muß nicht unbedingt sein. Wir haben als Kirche, denke ich, gar nicht so viel zu machen, neu zu machen. Wir haben eine vita activa, die oftmals in eine vita activissima mündet und immer stärker wird, weil wir nach dem Krieg wie die Gesellschaft immer stärker, immer größer, immer tüchtiger sein wollten. Wir haben damit die vita contemplativa weithin draußen gelassen. Wir müssen beides wieder miteinander verbinden und der Öffentlichkeit zeigen, wie normal und lebendig Kirche in vielen Bereichen ist. Wenn ich mit Medienleuten zu tun habe und ihnen erzähle, was alles in vielen Normalgemeinden gemacht wird, dann meinen sie, das seien besonders herausgehobene Gemeinden. Die können es sich nicht vorstellen, wieviele Kreise da sind, wieviel Hunderte Ehrenamtlicher in manchen Gemeinden engagiert sind und daß jeden Sonntagvormittag viele regelmäßig zum Gottesdienst kommen, auch Jüngere. Und das ist unsere Aufgabe, über gute Gemeindebriefe, über kirchlich-geschulte Journalisten und Journalistinnen dies auch in die andere Öffentlichkeit zu bringen.

Aber auch die beste PR-Arbeit darf nicht darüber hinwegtäuschen, daß sich die Situation in unserer Gesellschaft grundlegend verändert hat. Das Monopol der Kirchen auf den lieben Gott ist gebrochen. Ein Supermarkt der Sinnangebote hat die Pforten geöffnet. Im Angebot sind Gurus und Geister, Sekten und Seelenheil versprechende Botschaften. Und schließlich ist da noch die Kirche, ein Angebot unter vielen im Supermarkt der Sinnangebote!

Das ist das große Problem, das wir haben – und auch in der Kirche selber wird die kirchliche Lehre nicht einfach mehr so akzeptiert, auch wenn wir im evangelischen Bereich eine kirchliche Lehre in dem Sinne, streng genommen, nicht gehabt haben. Aber auch in der katholischen Kirche wird sie nicht mehr akzeptiert. Wir reden von der Patchwork-Religiosität, die in unseren Gemeinden ansatzweise bereits da ist: Ein bißchen Evangelisches, ein bißchen Katholisches, ein bißchen Orthodoxes, ein bißchen aus dem Buddhismus und dann noch von kleinen Gurus, die ich hier oder da kennen gelernt habe. Da ist es in der Tat so, daß Menschen viel Geld ausgeben, weil sie ein bißchen Glück suchen. Und ich weiß es von vielen, die dann auch »wandern« von einer Gruppierung zur anderen. Es ist ein Jammer, daß wir da als Kirche noch nicht überzeugend genug unsere Angebote machen können. Allerdings merke ich in der postsäkularen Zeit, wenn wir so wollen, daß doch eine gewiße Neugierde da ist, daß Glaubensfragen in der Kirche schon eher wieder abgefragt werden. Gerade aus dem journalistischen Bereich weiß ich das auch, weil sie zum großen Teil so kirchenfern aufgewachsen und nicht kirchengeschädigt sind. Das heißt, sie fragen schon mal danach, was habt ihr denn. Und da müßten wir Glaubensschulungen wieder machen, nicht eingeengt, aber überzeugend sagen, wir können nicht von jeder Religion etwas nehmen, weil es einfach nicht stimmig ist und den Menschen mehr verwirrt und überfordert als weiterhilft. Das ist auch die Frage des interreligiösen Religionsunterrichts, bei dem ich Bedenken habe, wenn wir in der Grundschule schon alle Religionen lehren, denn ich denke, Kinder müssen erstmal ein Stück eigenes Fundament haben, von der eigenen Religion her und von einer Lehrkraft, die die Werte des eigenen Glaubens benennt und lebt. Und dann nach vier Schuljahren, dann können sie auch die Werte der anderen vielleicht begreifen. Aber nicht von vornherein. »Nimm mal dieses, nimm mal jenes«, das ist gerade für Kinder und Laien nicht überschaubar, wie sie das in ein gutes System zusammenbringen können. Fachleute der Schule sehen das anders, ich weiß, und deshalb bin ich mit dieser Frage auch noch nicht fertig. Vielleicht zeigt sich da auch mal wieder die eigene theologische Überheblichkeit und die Unterschätzung anderer, auch der Kinder, die heute ja in einem ganz anderen Kontext aufwachsen.

Können Sie sich angesichts dieses religiösen Supermarkts der Sinnangebote auch vorstellen, daß etwa fernöstliche Meditationstechniken oder auch Esoterik zusammenwachsen mit den Traditionen protestantischer Frömmigkeit? Ein neuer dritter Weg?

Das gibt es ja schon. Also Esoterik haben wir manchmal ein bißchen zu viel. Mir zu viel, weil dann die Frömmigkeit – wirklich esoterisch – beim eigenen Ich bleibt, beim eigenen Inneren, und die Öffnung zum Himmel dabei zu wenig vollzogen wird. Fernöstliches haben wir in nicht wenigen Gemeinden. Wir haben bei unserem Gemeindedienst Fachleute für Meditation, die auch asiatische Erfahrungen mit hineinnehmen. Auch bei der Evangelischen Akademie einen Fachmann mit Meditationen aus dem philippinischen Bereich. Es ist auch wichtig, weil wir Gemeindemitglieder haben, die durch Reisen dies kennen gelernt haben und das auch theologisch verantwortlich gestalten wollen. Die Schwierigkeit ist, die christliche Tradition und die Elemente aus anderen Religionen so zusammenzubringen, daß das Christliche christlich bleibt und sich nicht auflöst. Wie können Evangelium und Kultur miteinander verbunden werden – eine Frage, die uns mehr und mehr zu beschäftigen hat, die bei der Weltmissionskonferenz im Dezember 1996 in Salvador de Bahia ganz neu und breit zur Sprache kam.

Sparen, Sponsoring und Spiritualität

Wenn wir über die Kirche der Zukunft reden, kommen wir nicht an der Spardebatte vorbei. Die Kirchen werden sich ebenso wenig wie andere gesellschaftliche Gruppierungen, ebenso wenig wie der Staat zukünftig noch alles leisten können. Haben Sie schon begonnen darüber nachzudenken, auf welche bisher originär kirchlichen Leistungen Sie verzichten werden? Was wird nicht mehr im Angebot einer Kirche der Zukunft zu finden sein?

Es ist schon sehr viel gestrichen worden. Und zwar haben wir verschiedene Töpfe. Einmal der landeskirchliche Topf, der allerdings ziemlich klein ist. Dann haben wir die Kirchenkreise, die eine eigene Hoheit und Einheit sind. Gestrichen wurde insbesondere in den Gemeinden und den Kirchenkreisen, wo Mitarbeiterstellen von 100 Prozent auf 70 oder 50 Prozent heruntergesetzt oder nicht wieder neu besetzt wurden. Das ist für mich schmerzlich, daß die Kirchenmusik da insbesondere Einschnitte hat hinnehmen müssen, weil ich Kirchenmusik für eine geistlich wichtige Aufgabe halte. Daß sich nicht jede Gemeinde einen vollen Kirchenmusiker leisten kann, das weiß ich, aber auch da Möglichkeiten für Kooperationsmodelle zu erarbeiten, da sind wir dran. Kirchenmusiker-Sharing, das neue Stichwort.

Wir werden uns auch aus diakonischen Bereichen weiter zurückziehen. Aber da müssen wir sehen, wie diese Bereiche von anderen übernommen werden können oder wie können sie als Notlösung auch ehrenamtlich von Gemeinden geleistet werden. Wir werden aber nicht drum herumkommen, größere Bereiche unbearbeitet vor uns zu haben. Ohne entsprechende Notlösungen. Das ist schmerzhaft, aber es ist auch so ein Stück Glaubenszumutung, daß wir das Kreuz auch am kirchlichen Arbeitsalltag zu tragen haben, auszuhalten haben, die Vorwürfe, auch die eigene Unfähigkeit, Kirche verantwortungsvoll und vollkommen zu gestalten. Wichtig wird uns bleiben die pastorale Grundversorgung, d. h. Seelsorge, Verkündigung. Wie das gestaltet wird, ob das alles hauptamtliche Pastoren, Pastorinnen in Zukunft sein werden oder ob Ehrenamtliche stärker aktiv werden. Wir haben inzwischen ja mehr und mehr ehrenamtliche Pastoren und Pastorinnen, die neben einem vollen Beruf diesen Dienst ausüben. Oder die Möglichkeit, halb als Pastor/Pastorin, halb in einem anderen Beruf zu arbeiten. Das wird ausprobiert in wirklich gutem Sinne, weil sich damit auch die Institution und auch die Verkündigung der Kirche ein Stück öffnet und verändert.

Was wird denn nun konkret aus dem Angebot der Kirche gestrichen?

Das können wir nach unserer kirchlichen Verfassung nicht sagen, weil alle Entscheidungen über die zuständigen Gremien getroffen werden.

Und was können Sie sich als Bischöfin vorstellen ...?

... nein, ich kann es mir auch insofern nicht vorstellen, weil ich Entscheidungen nur mit den zuständigen Gremien zusammen treffe. Wir werden sicher ringen. Ich halte es für wichtig, exemplarisch in der diakonischen Arbeit zu bleiben. Wir haben da diakonisch tätig zu sein, wo sonst kein anderer einspringen würde. Ich halte es für wichtig, daß wir flexibel bleiben, nicht nur im Besitzstands-Denken die Diakonie weiterführen, sondern auch da einspringen können, wo sich neue Nöte oder Lücken zeigen. Wie gesagt, wir hatten einen totalen Stellenstopp in Hamburg, haben es fast wie ein Wunder geschafft, zwei neue Stellen einzurichten, beide für Aids-Pastoren. Wir werden in etlichen Bereichen in der Diakonie oder auch kulturellen Begleitung der Gesellschaft darauf drängen, daß wir mehr Zuschüsse von staatlichen Stellen bekommen, weil vieles staatlich-gesellschaftliche Aufgaben sind. Auch wenn wir nur mit zehn oder zwanzig Prozent bei manchen Aufgaben an den Kosten beteiligt sind, so bedeuten doch diese zehn oder zwanzig Prozent für manche Gemeinden über fünfzig Prozent ihres Haushaltes. Da muß dann gesehen werden, was können wir von den anderen Stellen bekommen und wo können wir über Sponsoring auch manches machen.

Gottesdienst-Sponsoring?

Nein! Beim Gottesdienst hört es bei mir auf! Gottesdienstordnung mit Werbung drin – ich habe das einmal erlebt – das lehne ich nun wirklich ab. Es darf nicht geschehen, daß beim Vaterunser oder bei der Abendmahlsliturgie dann eine Alkoholwerbung auf dem Gottesdienstblatt steht oder Ähnliches. Aber sicher wird es Sponsoring für Konzerte und für andere Angebote geben. Der Kirchraum muß allerdings frei bleiben von Werbung. Da haben wir Paramente, die dann für Gott, für den Glauben werben, aber nicht für Alkohol oder Autoreifen. Ich denke, das ist eine der neuen Herausforderungen, kirchliche Maßstäbe fürs Sponsoring aufzustellen und zu überprüfen, wie weit kommen wir in eine Abhängigkeit, geraten wir in ein falsches Licht. Wir sollen aber auch nicht die Scheu haben, bei bestimmten Aufgaben Gelder zu benutzen von Firmen oder Einzelmenschen, die wir ja auch bei Kirchensteuern benutzen.

Ihre Amtszeit als Bischöfin geht bis ins Jahr 2002, also über die Jahrtausendschwelle. Ihre Prognose: Mit was für einer Kirche werden wir es dann zu tun haben?

Also ich denke, wir werden, geistlich gesehen, klarer werden, deutlicher werden, lebendiger werden. Wir werden gefragt, wer wir sind? Da müssen wir klarer und verständlicher Auskunft geben. Wir werden auch in dieser Umbruchszeit die Kraft einer Spiritualität, eines Gottesdienstes ganz neu wieder für uns entdecken. Ansätze spüre ich in den Gemeinden schon, zum Teil sehr deutlich. Wir werden als Kirche nicht schwächer werden in der Gesellschaft, davon bin ich überzeugt. Wir werden als Institution kleiner sein. Wir werden sicher finanziell ein Viertel oder Drittel weniger haben, wenn die Zahlen weiter so gehen, wie es Fachleute von der Steuerreform erwarten, befürchten. Die demographische Entwicklung kommt noch hinzu, weist auf weniger Kirchensteuerzahlende hin. Wir werden dann bekenntnishafter auftreten, wobei ich das nicht in einer engen Weise sehe, sondern als eine Alternative zur Gesellschaft, eine Alternative zur heutigen Kirche.

Wir werden, hoffe ich, einiges an Bürokratie aufgeben können und stärker eine innere Verbindlichkeit haben. Ob wir bis zum Jahr 2002 bestimmte Gruppen verlieren, weiß ich nicht. Wir erleben es zur Zeit so, daß einzelne Flügelkämpfe stark sind. Ich hoffe, wir bleiben beieinander, aber nicht um den Preis, daß wir nachher keine deutlichen Aussagen mehr wagen.

Aber noch Volkskirche?

Wir werden Volkskirche bleiben, davon bin ich überzeugt. Wir sind in Hamburg von über 90 Prozent auf unter 40 Prozent in den letzten Jahrzehnten gefallen, sind aber Volkskirche.

Kann man aber angesichts dieser Zahlen noch von einer Kirche aus dem Volk, für das Volk reden?

Wir sind ganz deutlich Volkskirche. Auch in einem Stadtteil, wo nur 20 Prozent zur Kirche gehören, weil die Verantwortlichkeit von uns als Kirche gesehen wird für den Stadtteil. Das heißt, wir fragen in einem Stadtteil mit 20 Prozent Deutschen auch nicht, was können wir jetzt für die Deutschen tun, die jetzt noch hier in der Kirche sind, die Älteren vielleicht, sondern wir fragen, was können wir für diesen Stadtteil tun, damit dieser Stadtteil lebendig bleibt, damit Begegnungsmöglichkeiten da sind, daß das soziale Leben auch funktioniert. Das heißt, daß wir als Kirche uns einmischen müssen wie Sauerteig. Ich merke das als Bischöfin, wie ich ständig präsent sein muß und möchte, um anzumelden, daß wir als Kirche da sind und wie wir dann auch beachtet werden. Nicht immer geliebt werden, aber beachtet werden. Und diesen Anspruch werden wir, da bin ich sicher, auf jeden Fall die nächsten zehn, zwanzig Jahre und noch länger durchhalten. Ich denke auch, wir werden akzeptiert werden als Volkskirche. Aber nicht als eine machtvolle Institution, sondern als eine Institution, als eine Gemeinschaft, die etwas Gutes für die Gegend des Stadtteiles möchte und die etwas Heiliges weiterzugeben hat, die nicht nur aus sich und für sich lebt, sondern von ihrem Glauben an Gott.

Zukunft für Israel

Auf die Frage nach Ihrem Lieblingsort, an dem Sie gern leben würden, haben Sie einmal geantwortet: »In Norddeutschland oder Israel.« Norddeutschland nehme ich Ihnen sofort ab, Israel aber schmeckt mir ein wenig nach ›political correctness‹.

Mit political correctness hat das überhaupt nichts zu tun. Es wäre für mich die einzige private Alternative. Ich fühle mich glaubensmässig dem Judentum verbunden. Früher bin ich sehr häufig in Israel gewesen. Mich faszinieren besonders die Wüste, Negev, Sinai und Judäa – eine Landschaft, die teilweise mit Norddeutschland vergleichbar ist: die Weite, die Stille, wo das Menschliche unverhüllter zum Ausdruck kommt, als ich es in südlichen Ländern oder in Süddeutschland erlebt habe. Verbundenheit mit der Natur, der Fülle an Leben von Fauna und Flora. Dazu natürlich die Verbindung der Landschaft mit biblischer Geschichte: Das ist für mich faszinierend, ob ich im Sinai oder in Galiläa bin, wie plötzlich Geschichten, meine Lebensgeschichten dort in der Landschaft vorkommen. Das ist ein Traum, eine Vision, und ich könnte mir gut vorstellen, daß ich als Alternative – das wäre ein Wunsch – in Israel lebte. Allerdings, die Veränderungen in den letzten Jahren machen mir dann doch Sorgen.

Israel ist in der Tat nicht nur Heiliges Land. Wer einmal dort war, wird die Militärpräsenz, wird die Spannungen zwischen Israelis und Palästinensern nicht vergessen können.

Die Militärpräsenz in Israel hat mich seltsamerweise nie gestört. Ich habe da auch einige gefährliche Situationen miterlebt. In der Wüste, in Galiläa, in Jerusalem selber. Das viele Militär hat mich nie gestört, weil ich immer wußte, die dort leben sind bedroht von allen Seiten. Ich hatte Kontakt mit Leuten aus der Peace-Now-Bewegung. Ich hatte Beziehungen zur jüdischen Seite und auch verstärkt dann zur palästinensischen Seite, zu den Christen und Christinnen dort. Ich bin manchmal ratlos, wie menschenverachtend das Militär gerade Palästinensern gegenüber auftritt, ohne es zu wollen. Ich würde insofern auch gerne da sein, um ein Stück vermitteln zu wollen, nicht als große Kirchenfrau oder Politikerin, sondern um Einzelne zu gewinnen für eine andere Sicht. Ich bin erschrocken gewesen, als ich vor zwei Jahren das letzte Mal da war, welcher Haß immer noch existiert zwischen Palästinensern und Juden. Allerdings sehr viel weniger als beispielsweise vor zehn, fünfzehn Jahren. Aber es muß da viel abgebaut werden. Und es ist sicher insofern political correctness, als ich auch die besondere Aufgabe von Deutschen und von Christen sehe, Israel eine Zukunft zu erhalten.

Ganz sicher tun gerade wir Deutschen uns schwer in der Begegnung mit dem Judentum, in der Begegnung mit Israel, ja auch mit der politischen Realität im Nahen Osten.

Ich habe es bei den ersten Besuchen in Israel als schwierig empfunden, wenn ich mit etwas älteren Deutschen da war, daß es für sie keine Gesprächsmöglichkeiten gab mit alten Juden, insbesondere wenn sie aus Europa kamen – Gespräche, die jedoch mit mir möglich waren, Jahrgang 1945 eben. Die Scham über unsere Geschichte. Da ballt sich so viel zusammen: Das Wissen, daß wir das Dritte Reich, den Holocaust bei uns immer noch nicht genügend aufgearbeitet haben. Die Vorwürfe, die ausgesprochen werden, und noch schlimmer, die zurückgehalten werden.

Ich weiß, daß das Thema Holocaust an den Schulen jetzt behandelt wird. Wir haben unlängst zusammengesessen, wie wir das auch in die Grundschulen und Kindertagesstätten pädagogisch vermitteln können. Sofort sind Ängste da, das sei eine Zumutung, eine Überforderung, das dürften wir nicht. Das heißt, wir stellen uns noch nicht einmal theoretisch dem, was wir Menschen vor 60 Jahren praktisch zugemutet haben.

Sie sind Jahrgang 1945, geboren wenige Monate vor dem Kriegsende. Was verbindet Sie mit dem, was zwischen 1933 und 1945 in Deutschland passiert ist?

Es ist nicht nur das, was von 33 bis 45 passiert ist, sondern was durch die ganze Kirchengeschichte passiert ist. Denn wir haben in den alten Konzilien schon antisemitische Aussagen, ebenso bei Luther. Ich bin Deutsche, ich kann mich aus meiner Vergangenheit nicht lösen. Ich kann also nicht eine deutsche Sprache sprechen und sagen, dieser Teil der Geschichte bleibt draußen. Ich bin mitverantwortlich, nicht, daß ich mitschuldig bin, aber ich stehe in dieser Kultur, in dieser Tradition, auch als Kirchenvertreterin in der Tradition meiner Kirche und muß deutlich zeigen, daß wir aus diesen Fehlern wenigstens heute versuchen zu lernen. Und wenn ich dann manche Äußerungen heute höre oder lese aus dem politschen, gesellschaftlichen Bereich, auch aus dem Kirchenbereich, kann mich das schon mit Scham und Wut erfüllen, daß es immer noch Ewig-Gestrige gibt. Und daß sehr schnell mit Entschuldigung oder Erklärung gearbeitet wird, wo deutlich wird, wir wollen uns dieser Thematik nicht stellen. Und wenn ich zudem miterlebe, daß auch großzügig über andere Menschen heute verhandelt, beschlossen, geplant wird – gegen jede Menschenwürde –, dann merke ich: Wir haben überhaupt nicht begriffen, was uns biblisch vorgegeben ist, wie diametral wir damals dagegen gehandelt haben.

Was war ganz persönlich Ihre erste Begegnung mit dem Judentum?

Als Kind schon in Bad Segeberg. Dort gab es eine kleine jüdische Gemeinde. In unserer Nachbarschaft wohnte der einzige Überlebende des Holocaust aus Bad Segeberg. Er wurde dann Bürgermeister. In unmittelbarer Nähe meines Elternhauses lag der jüdische Friedhof, der uns Kinder natürlich faszinierte mit seinen fremden Grabsteinen. Wir sind oftmals über den Zaun geklettert. Später hatte eine Tante von uns den Schlüssel, dann konnten wir auch hin und wieder direkt daraufgehen und uns die Steine angucken. Und dann waren es die Geschichten von meinem Elternhaus und von der größeren Familie, die Kontakte mit Juden im Dritten Reich gehabt hatten. Wir wußten, daß die eine oder andere Familie hatte auswandern können oder verschwunden war.

Von Ängsten und Neid

»Warum haben Menschen unter uns so viel Angst vor Jüdischem?«, so haben Sie einmal eine Predigt begonnen. Wissen Sie auch die Antwort auf diese Frage?

Nein. Ich bin oftmals in der jüdischen Gemeinde auch darauf angesprochen worden: »Woher kommt der Antisemitismus, die Angst vor uns?« Wenn das so einfach zu beantworten wäre, könnten wir es ja vielleicht beseitigen.

Es hat sicher einen Hintergrund aus der christlichen Tradition heraus. »Sie haben den Herrn umgebracht«, diese unsägliche, viel zu oft gesagte und gedachte pauschale Anschuldigung. Fromm verbrämte absolute Lieblosigkeit. Es ist das Fremde, das eigenartig Neid erregend fasziniert, daß dort eine Gruppe solidarisch ist. Daß eine Gruppe unter uns, die zu den Führenden gehört, eine fremde Gruppe ist. Es haben in diesem Jahrhundert insbesondere die Intelligenz und der Reichtum der jüdischen Gemeinschaft fasziniert, wobei wir wissen, es waren nur etwa fünf Prozent reich, die anderen waren ja arm. Auch die religiösen Gebräuche, daß sie Feiertage in der Woche haben, das ist für manche rätselhaft gewesen. Und Juden und Christen haben es selten schaffen können, normale Beziehungen aufzubauen.

Die Kirche mit ihrem christologischen Absolutheitsanspruch hat die Juden abgelehnt, an den Rand gedrängt, hat auch nie offene Gespräche gesucht. Ich denke, das hat sich auch unbewußt übertragen auf Alltagserfahrungen, wo wenig normale Kontakte gewesen sind, es sei denn, daß nachher die Juden so assimiliert waren, daß das besondere Jüdische nicht erkennbar war.

»Das Fremde fasziniert Neid erregend«, haben Sie eben formuliert. Ist also die Geschichte des Antisemitismus eine Neidgeschichte?

Ich habe dies einmal die größte Neidgeschichte genannt. Es hängt viel damit zusammen. Ich erinnere an das Gleichnis vom Verlorenen Sohn: Der eine wird geliebt, und der andere kann es nicht ab, daß er nicht mehr allein geliebt wird. Wir bezeichnen uns als das auserwählte Volk, die Kirche als das wahre Israel und können nicht ertragen, daß das alte Gottesvolk Israel, das auserwählte Volk der Juden viel länger schon auserwählt ist und die Treue und Liebe zu Gott auch viel stärker durchgehalten hat. Wir haben ja nie – bis auf die kurze Zeit im Mittelalter – das theologisch offene Gespräch miteinander gesucht, weil wir auch Angst hatten vor dem Verlust unserer besonderen Nähe zu Gott, der Abschwächung der Messianität Jesu, der Aufweichung unserer Christologie, der theologischen Infragestellung des als fundamental Geglaubten. Wir wollten das liebste Kind Gottes sein. Wir haben die Bedingungen aufgestellt, unter denen theologische Gespräche oder Begegnungen stattfinden konnten. Ich denke, es ist eine Glaubensunsicherheit, daß wir so stark den Absolutheitsanspruch des Christentums behaupten. Für uns können wir sagen, das Evangelium ist absolut und wahr, aber wir können es ja nicht für andere sagen. Das ist ein Zeichen von Unsicherheit und Dialogunfähigkeit.

Wie würden Sie das Verhältnis von Judentum und Christentum zueinander definieren? Das eine der Sproß des anderen, Fortsetzung, Vollendung? Oder gilt die jesuanische Rede von den vielen Wohnungen im Vaterhaus?

Wenn wir es familienmäßig sehen, würde ich immer sagen, das Judentum ist der ältere Sohn – und wir sind der jüngere Sohn oder die jüngere Schwester, die hinzugekommen ist. Wobei die Rechte des Älteren dann nach dem alten Familienrecht zu respektieren sind und auch älter sind. Ich denke, wie es bei Geschwistern ist, so kann es auch für unsere Religionen eine große Bereicherung sein. Wir können von den zwei Heilswegen sprechen, wobei ich denke, daß Gott sehr viel mehr Heilswege kennt und geht, als wir uns das überhaupt vorstellen können. Aber diese sind zwei Heilswege, die wir theologisch leichter nachvollziehen können. Ich wünschte mir, daß wir in der Kirche allgemein so weit wären, den jüdischen Glaubensweg wirklich voll zu respektieren und auch in den Lebensbezügen zu achten. Wir versuchen das in Hamburg mit vielen »bilateralen« Gruppen und im interreligiösen Gespräch. Wir haben einen besonderen Kalender – auch in anderen Städten gibt es das, daß wir wirklich die Feiertage der Juden und Jüdinnen, auch der muslimischen Menschen wahrnehmen und ein Stück Teilhabe praktizieren an den Festen, aber auch am normalen Alltagsgeschehen. Ich muß sagen, für mich ist es zwar oft schwierig, an jüdischen Gottesdiensten teilzunehmen, weil mein Hebräisch dann doch nicht so gut ist, daß ich sofort alle Texte erkenne und verstehe. Aber es tut gut, dann doch zu spüren, es ist letztlich derselbe Gott, den wir auf ganz unterschiedlichen Wegen anbeten.

Der Jude Jesus

Der Antisemitismus sitzt tief in der christlichen Theologie, reicht weit zurück bis ins Neue Testament, und selbst Martin Luther stand in dieser unseligen Tradition, bildete die reformatorische Krönung!

Nein, Martin Luther ist da nicht die Krönung! Er hat böse Sätze gesprochen. Aber er hat das in einer Situation getan, als er sehr enttäuscht war. Er hat auch andere Sätze gesprochen. Wir haben in der Kirchengeschichte überhaupt sehr viel Abgrenzung, aber auch dann und wann Ansätze eines guten Miteinanders. Und ich denke, es ist jetzt unsere Aufgabe, diese dialogischen und positiven Ansätze zu stärken und zu fördern.

Christlicher Antisemitismus war letztlich auch Nährboden und Wurzel für den Holocaust.

Ja, es ist christlicher Antisemitismus gewesen! Es fällt auf, daß Antisemitismus insbesondere in christlichen Ländern ausgeprägt war, obwohl es ihn ja vorher auch schon gab, wenn ich beispielsweise ans persische Reich denke. Er ist bei uns die Folge einer Entwicklung, die im Neuen Testament angefangen hat als innerjüdischer Streit, der dann überzogen wurde und schlimmste Ausmaße bekommen hat. Wenn etwa gesagt wurde: »Juden seien Teufelskinder, Abrahams Kinder seien Teufelskinder.« Anders als die Damaligen spüren wir die Holocaust-Schärfe solcher Aussagen. Auch die Streitgespräche zwischen Jesus, den Schriftgelehrten und den Pharisäern waren ursprünglich so etwas wie ein Familienstreit. Jesus selber hat pharisäische Wurzeln, kommt aus der pharisäischen Tradition. Streitgespräche sind die Art und Weise gewesen, Theologie zu betreiben. Aus diesen Streitgesprächen hat sich dann christlicher Antijudaismus und aus dem wieder der Antisemitismus mit entwikkelt.

Nun können wir die Bibel nicht umschreiben und diese Stellen einfach tilgen. Das würde ich in keinem Fall machen. Aber wir müssen bestimmte Texte mit deutlichen Fußnoten versehen und sagen, aus diesen und jenen Gründen ist eine solche Formulierung entstanden, d.h. wir müssen Verständnis für das historische Umfeld gerade auch der jesuanischen und urchristlichen Äußerungen wecken. Und wir sollen uns sehr wohl überlegen, wo wir welche Texte im Gottesdienst unkommentiert oder kommentiert lesen. Sobald sie mißverständlich sind, sollten wir sie zurückhalten und dann in Gesprächen die Texte uns aneignen oder erklären.

Irgendwie nehmen es die Christen dem Herrgott übel, daß er den Gründer ihrer christlichen Religion gerade als Juden zur Welt kommen ließ.

Es hat bereits in der Alten Kirche und dann auch in der Kirchengeschichte immer wieder Versuche gegeben, Jesus zu »entjudaisieren« oder wie immer auch das genannt werden kann. Das ist ein Unverständnis, daß dann Judas, der auch sehr überzogen und verschärft gesehen wurde, und Jude gleichgesetzt wurden. Die Fremdheit der beiden Religionen wurde herausgestellt, nicht das Gemeinsame gesucht oder gar betont. Wir haben in der Reformationszeit sehr wohl auch gute Ansätze gehabt, die aber leider nicht weiterentwickelt wurden.

Ist der Antisemitismus auch heute noch real in den christlichen Kirchen – fünf Jahrzehnte nach dem Holocaust?

Ja, leider. Ich höre manchmal in Gottesdiensten, wie die alten Denkklischees weiter verbreitet werden, wie Gesetz und Evangelium in einer Weise gepredigt werden, daß es einerseits die gesetzesengen Juden gibt, die meinen, Gott im Griff zu haben, und andererseits die ganz freien guten Christen, die überall mit der Liebe der Bergpredigt arbeiten. Daß immer noch der Gott der Rache im Alten Testament dem Gott der Liebe im Neuen Testament kontrastiert wird, wobei ein Blick in die Konkordanz schon deutlich zeigt, daß es sogar eher umgekehrt wäre. Hier herrscht eine erschreckende theologische Ignoranz oder schlicht theologische Denkfaulheit. Die Nicht-Anerkennung des jüdischen Heilsweges begegnet häufig.

Das empfinde ich als Skandal. In vielen Äußerungen wird die Religion der Juden als inferior benannt. Ich sehe das als ausgesprochen schlimm an, und es schmerzt nicht wenig. Ich selber habe auch schon Äußerungen in Predigten von mir gegeben, die dann als anti-judaistisch verstanden worden sind. Von Rabbinatsstudierenden nach einer Predigt ist es mir gesagt worden, wo ich für mein Verständnis überhaupt nichts Anti-Judaistisches, Antisemitisches gesagt habe. Und ich stehe bis heute inhaltlich dazu. Aber durch eine bestimmte Konnotation aus der Geschichte der Judenverfolgung und Judenvernichtung bekommt das Gesagte einen anderen Klang bei jüdischen Menschen. Ich muß mich dann fragen: Hat das diesen Klang eventuell bei uns auch noch? Korrektur ist nur möglich, indem ich das Gespräch mit Juden pflege, die dann auch die Schmerzstellen und ihre Empfindlichkeit benennen, denn die ist ja nicht von alleine gekommen. Ich merke es bei Tagungen, daß es wichtig ist, es immer neu zu benennen und auch andere Vokabeln in manchem zu finden, weil die uns vertrauten, uns harmlos scheinenden zu sehr belastet sind.

Vom Islam – oder: Türken vor Wien

Christentum, Judentum – und da ist noch die dritte monotheistische Religion aus dem Stamme Abrahams: Der Islam, mit dem wir uns nicht minder schwer tun.

Es ist viel schwieriger mit dem Islam, weil wir die Begegnung doch erst seit 15 bis 20 Jahren hier in Deutschland breiter angelegt pflegen. Es ist die Fremdheit der anderen Religion und die Fremdheit der Muslime/Musliminnen, die eben meist von ihrer Herkunft keine Deutschen sind, sondern Türken, Perser oder aus anderen Ländern kommen. Und die Deutschen unter ihnen, die muslimisch sind, sind es meistens nicht von Geburt an, sondern sind Konvertiten und dadurch noch strenger im Glauben; aber jedenfalls kennen sie unsere kulturellen Kategorien. Kompliziert ist die Begegnung mit dem Islam weiter deswegen, weil es da nicht nur Liberale, Konservative und Orthodoxe gibt, wie bei den jüdischen Gemeinden, sondern sehr unterschiedliche Richtungen von der Nationalprägung her. Zudem treten verstärkt Gruppen auf, die fundamentalistischen Einschlag haben. Aber das können wir kaum unterscheiden; vielleicht wollen wir es oft auch gar nicht.

In Hamburg gibt es eine große Moschee und rund 50 Gebetsräume oder kleinere Moscheen – vor allem türkisch-sunnitische, aber auch alevitische und schiitische. Im Großen und Ganzen haben wir ganz gute Gesprächsmöglichkeiten. Wir haben eine Armutskonferenz veranstaltet, bei der verschiedene islamische Gruppierungen dabei waren. Wir haben einen Gesprächskreis Interreligiöser Religionsunterricht in Hamburg, eine Arbeitsgemeinschaft Interreligiöser Dialog an der Universität, verschiedene interreligiöse Gesprächskreise in Stadtteilen und Gemeinden, auch gemeinsame Feiern. In einer Gemeinde haben sie bereits zweimal den Schulanfang gemeinsam evangelisch – katholisch – islamisch begangen.

Das sind Ansätze, die gefördert werden müssen. Unser Interesse geht meist viel zu schnell und stark dahin, zu fragen, wie seid ihr im Islam organisiert? Welches sind die Glaubensinhalte? Wir warten zu wenig auf das, was die anderen uns von sich aus mitteilen wollen. Wir bestimmen die Thematik und den Stil des Miteinanders.

Aber woraus erklärt sich dieses Feindbild Islam? Die kulturelle Fremdartigkeit allein kann es nicht sein, denn sonst müßte uns auch ein Land wie Israel fremd sein.

Also erstmal ist es mit den Juden leichter, weil wir zumindest in unserer eigenen Geschichte viele Juden und Jüdinnen in Deutschland gehabt haben, die bei uns zu den kulturellen Spitzenleuten mitzählten und mitzählen – weil wir auch einige, zwei- dreitausend Juden in Hamburg beispielsweise, haben, die ähnlich wie wir deutsch sprechen, die deutsch empfinden. Das ist eine Hilfe.

Die Gemeinsamkeit der Sprache ist ein Vertrauen erleichterndes Element, ein Fundament. Das heißt, wir lesen gemeinsam unsere klassische Literatur und haben den gemeinsamen Hintergrund der deutschen Geschichte. Das ist, denke ich, eine Verbindung, die wir internalisiert haben.

Für die meisten aus dem Islam trifft das nicht zu. Da müssen wir erst noch von beiden Seiten aus Verständigungs-Brücken bauen – auch im wörtlichen Sinn. Die Muslime kommen aus anderen kulturellen Identitäten, kommen aus Afghanistan oder aus dem Sudan oder eben aus der Türkei oder dem Iran. Das heißt: ein ganz anderer Hintergrund, und es ist auch die tiefe Angst: »die Türken vor Wien«. Das steckt uns tief in den Knochen, dieses Zerrbild des Islam, voller Vorurteile, d.h. der Islam ist damals schon mit Feuer und Messern und Säbeln gekommen. Sie wollten unsere Kultur, unseren Glauben zerstören. Solche Angst hat sich als prägend erwiesen für alle schlimmen Begegnungen. Stichwort Kreuzzüge: Sie mußten damals getötet werden, weil sie die heiligen Stätten verschandelt hatten. Es mußten Kreuzzüge organisiert werden, alles im Namen des Kreuzes, des christlichen Glaubens. Das ist mehr oder weniger unbewußt im Hintergrund dabei. Prägend ist auch, daß einige Staaten oder Nationen islamisch-fundamentalistisch und fanatisch sind. Das macht es uns schwer, islamische Gruppen und Gemeinden bei uns differenziert zu sehen. Wir sehen eigentlich immer zuerst den Säbel in der Hand und trauen dem anderen nicht zu, daß er sein Salam, Friede, das er uns spricht, auch wirklich ernst meint.

Ist es aber nicht auch für Sie als aufgeklärte Zeitgenossin ein bißchen schwierig, auf der einen Seite offen für den Dialog zu sein, andererseits aber diese fundamentalistische Verbindung von Politik und Religion beobachten zu müssen?

Zu allem, was fundamentalistisch ist, sage ich Nein. Aber ich kenne viele Muslime und Musliminnen, die nicht fundamentalistisch sind. Wenn ich an unseren deutschen Raum denke, ist es unsere Aufgabe, auch als Christen und Christinnen, die zu stärken, die den deutschen Islam hier prägen, neu etablieren wollen – und die einen demokratischen, auch frauenfreundlichen Islam gestalten wollen, wie er ja vom Ansatz her gegeben ist.

Damit aber geben Sie doch wieder christlich-abendländische Kulturwerte vor.

Ja, das gebe ich vor, und darin liegt auch eigenes Interesse. Ich möchte nur fördern – und das andere müßten sie für sich alleine dann machen –, was unserem demokratischen Weltbild entspricht und auch die Würde der Frau garantiert. Ich weiß, daß wir diesen Islam beispielsweise in Bosnien sehr stark gehabt haben. Einen sehr europäisch-liberalen Islam. Der ist möglich. Ich weiß es von vielen jüngeren Leuten oder auch akademisch gebildeten Leuten, die sagen, wir brauchen diese Form des Islam und wollen nicht in einen Fundamentalismus abgleiten. So wie ich mich auch gegen Fundamentalismus im christlichen Bereich wende, weil ich ihn für eine Verzerrung des Glaubens und zumal für eine schlechte Gesellschaftsprägung halte. Da möchte ich meinen Einfluß auch wahrnehmen.

Es wird schwierig sein, für den Islam eine allgemeine gesellschaftliche Anerkennung zu schaffen. Es ist in der Tat so, daß wir unsere christlich-abendländische Tradition bewahren wollen, damit das Gute unseres Erbes erhalten bleibt. Wir können nicht unsere demokratisch geprägte Gesellschaft aufgeben, weil andere Gruppen, eventuell undemokratische Gruppen, hier leben wollen. Das hielte ich für verantwortungslos, geschichtslos.

Glocken und Gebetsrufe

Bevor es zu einem interreligiösen Dialog kommt, stören sich die Menschen in diesem Land erst einmal an ganz praktischen Dingen: Macht es für Sie einen Unterschied, ob die Glocken läuten oder der Imam zum Gebet ruft?

Ja, da gibt es insofern den Unterschied, daß die Glocke letztlich nur eine Einladung zum Gebet ist. Wenn der Imam ruft, spricht er jedoch ein klares Glaubensbekenntnis aus. Dadurch werden islamische Glaubensaussagen anderen ins Ohr gerufen. Das ist als Argument ernst zu nehmen. Und doch: es hängt auch von der Gegend ab. Wenn die Bevölkerung überwiegend islamisch ist, dürfte eigentlich nicht viel dagegen sprechen. Andererseits haben wir als Kirchen das Glockenläuten mancherorts einstellen müssen, weil es einfach nicht mehr von der Bevölkerung getragen wurde. Man sagte, das sei ruhestörender

Lärm und nicht mehr die Einladung zum Gebet. Da müssen wir auf eine multikulturelle, säkulare Gesellschaft Rücksicht nehmen und dialogisch nach neuen Wegen suchen. Ich frage mich allerdings, ob die Ablehnung von Glockengeläut und Minarett-Ruf in der säkularen Gesellschaft nicht viel tiefer begründet liegt: Daß man die Transzendenz und das Memento mori nicht erträgt, das da immer mitklingt.

Voraussetzung eines guten Dialogs ist zunächst die exakte Themensetzung. Welche konkreten Fragen stehen für Sie an im christlich-islamischen Gespräch?

Ich habe das Gespräch bisher weitgehend im Bereich mit Frauen geführt, wobei es dann um die Stellung der Frauen in der Gesellschaft geht. Wir werden schwer rein theologisch ins Gespräch kommen können, auch beim Trialog wird es schwierig sein, weil da die Grundprämissen sehr unterschiedlich sind.

Deswegen halte ich es für wichtig, bei bestimmten Sach- bzw. Lebensthemen das Gespräch zu suchen. Das kann eben Stadtteilarbeit sein, Fremdenfeindlichkeit, das kann die Würde der Frau sein, wie wir uns für Frauen und Mädchen insbesondere einsetzen. Es kann die Frage der Würde des Lebens sein, auch beim Sterben und nach dem Tod die Frage der Bestattung. Ich denke, das werden die Punkte sein, wo wir am ehesten das Gespräch führen können. Nun wird es allerdings nicht so sein, daß alle in unseren Gemeinden ein theologisches Lehrgespräch führen wollen, sondern voneinander einfach erfahren wollen, wie sie in bestimmten Lebenssituationen theologisch und vom Glauben her entscheiden und leben.

Das Gespräch mit dem Islam ist also zunächst einmal ein kultureller, weniger ein theologischer Dialog?

So, wie wir es bisher anpacken und wie ich es erlebt habe, geht es in den Gesprächen im Grunde genommen um die kulturelle gesellschaftliche Frage und das soziale Miteinander. In dem Sinne ist es auch noch kein Dialog, sondern ein Kennenlernen, ein Einander-Wahrnehmen. Ich bin immer wieder erschrocken, wie Dialoggeübte, wie es dann heißt, kaum etwas von der wirklichen Lebenssituation der anderen wissen, geschweige denn vom theologischen System. Aber das ist ja auch so im eigenen Bereich; da wissen auch viele vom eigenen christlichen Glauben wenig. Es ergibt sich dadurch oft ein neues Nachdenken über die eigene religiöse Verfaßtheit, die Möglichkeiten und Grenzen des Glaubens. Und dann kommt erst der Austausch, um zu sehen, was können wir gemeinsam machen. Ich habe das ganz praktisch erlebt, als islamische Krankenschwestern fragten: »Wie gehen wir geistlich mit Euren Sterbenden um? Wir wissen nicht, sollen wir da beim Sterben im Krankenhaus ein Gebet sprechen? Was bedeutet Euch überhaupt der Tod? Glaubt Ihr an ein Leben nach dem Tode?« Da kann das theologische Gespräch ansetzen, aber nicht rein theoretisch. Und ich denke, dafür ist Theologie auch nicht da, daß Menschen nur in den Seminaren oder Schreibtischstuben darüber reden.

Ich habe gelesen, daß Ihre Bischofsstadt Hamburg weltweit die Stadt ist mit der höchsten Zahl an Religionsgemeinschaften. Nirgends ist es so bunt wie bei Ihnen!

Ja, das wird gesagt. Es soll bei uns ein so großes religiöses Spektrum geben wie in New York. So wie Hamburg die Stadt mit den meisten Konsulaten vor New York ist, so ist Hamburg auch die mit den meisten religiösen Gemeinschaften. Ob das so genau stimmt, weiß ich nicht. Aber wir haben ein Religionslexikon, in dem die offiziellen Religionen erstmals gesammelt verzeichnet sind. Es sind gut hundert, und es muß im Grunde dauernd ergänzt werden, wobei nur die Religionsgemeinschaften genannt sind, die nicht kommerziell sind. Das ist ein buntes Fluidum. Das heißt doch, wenn es uns um ein gelebtes Miteinander im Nachbarschaftsbereich geht, über die kulturellen und sozialen Grenzen hinweg, daß wir dann unsere theologischen Wahrheiten den anderen nicht einfach überstülpen können, sondern uns mit ihnen auf die Suche begeben. Manche Kirchengemeinden nutzen diesen Freiraum.

Wenn es zum interreligiösen Gespräch kommt, wie sprachfähig und dialogisch ist Kirche?

In vielem sind wir es nicht. Ich denke, die anderen auch nicht. Das ist oft schmerzhaft, aber auch eine Erfahrung, die wichtig ist. Zu sehen, hier ist eine Grenze, hier können wir nicht weiter. Und dann können wir eben nicht mit fertigen, alten dogmatischen Aussagen auftreten, sondern wir müssen ganz persönlich überlegen und darlegen, was unser Glaube ist, um ihn den anderen nahe zu bringen. Das heißt beim interreligiösen Dialog, sich auch einmal zurückzuziehen und zu sagen, wir treffen uns nach einer gewissen Zeit wieder, vielleicht kommen wir dann ein Stück voran. Oder einfach manches bewußt auch ungeklärt im Raum stehen lassen, das wäre auch schon sehr viel, jedenfalls mehr, als nur Lehrmeinungen zu vertreten.

Die Wahrheit hat siebzig Gesichter

Können Sie denn als Christin, als Bischöfin tief drinnen in Ihrer Seele wirklich akzeptieren, daß auch ein Hindu, ein Moslem, ein Jude nicht minder in der Gunst und Wahrheit Gottes stehen wie alle rechtgläubigen Protestanten und Katholiken?

Ich denke, ja. Aber niemand darf anderen das religiöse Bemühen, die religiöse Erfahrung absprechen. Ich wünschte mir, daß wir von unserer eigenen Religion, unserem eigenen Glauben so überzeugt sind, daß wir ihn anderen vermitteln wollen, sie aber nicht bedrängen. Und dann sagen: »Wenn du nicht willst, wenn du deinen Glauben hast, dann ist es völlig richtig, und laß mich auch von deinem Glauben erfahren, an deinem Glauben ein wenig partizipieren.« Ich selber möchte nicht einer Muslima, einem Juden, einem Hindu den Glauben absprechen und nicht seinen oder ihren Glauben für geringer halten. Ich selber habe mit meinem Glauben so viel gute Erfahrung, daß ich natürlich ihn werbend weitergeben möchte. Aber es muß eine Bereitschaft da sein zu hören und aufzunehmen. Und wenn der andere sagt, ich habe es gehört, ich kann damit nichts anfangen, dann muß ich auch sagen, es ist gut so.

Was meinen Sie damit, vom Glauben des anderen zu partizipieren?

Erstmal eine Toleranz aufzuzeigen, die auch in dem eigenen Glaubensbereich gilt – daß nicht nur ich die Wahrheit für mich gepachtet habe, sondern Glaube auch etwas Relatives ist – daß ich von anderen Glaubensanhängern vielleicht dies eine und andere übernehmen kann für meinen Glauben. Zum Beispiel Meditation aus dem östlichen, aus dem asiatischen Bereich, wo ich merken kann, das ist etwas, was mir im Glauben gut tut. Daß ich Abstand gewinne, daß ich andere Glaubensweisen mit den biblischen Aussagen in Verbindung bringe und daß ich auch spüre, es sind viele nicht-christliche Menschen auf der Welt, die geistlich-veranwortungsvoll leben. Ich denke, es ist auch eine Hilfe zu wissen, wir als evangelische Christen und Christinnen sind nicht allein da, sondern es sind viele da, die die Welt verantwortungsvoll gestalten und Verantwortung vor Gott tragen, sich dem Himmel verbunden wissen.

Doch wo bleibt bei so viel Toleranz die Wahrheitsfrage? Immerhin legen Sie in Ihrem Glaubensbekenntnis Zeugnis ab vom einen *Gott, der da ist »wahrer Gott vom wahren Gott«!*

Für mich ist der biblisch bezeugte Gott der wahre Gott. Für mich ist es der eine Gott, den ich anbeten kann. Ich kann nicht Allah anbeten, ich kann nicht die Heiligen anbeten, ich weiß zwar, in der katholischen Kirche werden sie nicht angebetet, aber oft indirekt doch. Das kann ich nicht. Aber ich kann es respektieren, daß andere es so machen, daß andere diesen Glaubensweg für ihren verbindlichen Glaubensweg ansehen. Den Absolutheitsanspruch des Christentums allgemein kann ich nicht vertreten. Für mich kann ich sagen, ja, für mich ist der christliche Glaube der einzige.

Es gibt für Sie nur einen subjektiven Absolutheitsanspruch?

So sehe ich das. Die Wahrheit hat auch ihre 70 Gesichter, und wir haben unterschiedliche Blickrichtungen. Die Wahrheit zeigt sich nicht nur in dem einen Gewand, sie kann sich genauso in verschiedenen Gewändern zeigen, wie eben der Heilige Geist auch nicht festlegbar ist auf eine Formulierung. Ich denke, es ist eine rein theoretische Frage und eine – Entschuldigung! – männliche Frage: Was ist wahr?

Warum ist dies eine männliche Frage?

Weil für männliches Denken vornehmlich alles verobjektiviert werden muß, festgeklopft und systematisiert, eingesetzt als letzter Stein einer Mauer und ein für allemal fertig. Was für mich wahr ist, hat in gewisser Weise die Qualität des Satzes: Was ich liebe, wovon ich ganz gepackt bin. Die Wahrheit wird nicht doziert und zementiert, sondern die Wahrheit wird erfahren und gelebt. Wobei es keine reine Erfahrungssache ist, sie muß immer wieder in Beziehung gesetzt werden zu der Lehre und zu dem Leben. Sie kann weder allein das eine noch das andere sein. Ich denke, es muß wirklich zusammen gesehen werden. Wahrheit von Männern, Wahrheit von Frauen, Wahrheit von Unterdrückten, Wahrheit von Freien wird immer unterschiedlich definiert werden. Und da haben wir immer neu zu prüfen, welche Aspekte kann ich jetzt sehen und auch gelten lassen. Ich kann nicht sagen, das ist jetzt für immer und ewig wahr. Sicher gilt immer: In und bei Gott ist die Wahrheit, und doch zeigt sich diese uns eben in je eigener, anderer Weise. Richtig bleibt: Gott ist der Allmächtige, aber er ist auch der Ohnmächtige, und er offenbart sich uns mal so, mal so.

Ein interreligiöser Dialog meint also für Sie weniger den Disput über Wahrheiten als vielmehr den Austausch unterschiedlicher Erfahrungen?

Es kann auch der Streit um Wahrheiten dabei sein, und es müßte auch als Ziel genannt werden. Bloß merken wir, daß wir uns in so vielem fremd sind und so wenig voneinander wissen. Da wäre es ungeschickt, bei dem Schwierigsten anzufangen und letzten Endes zwei Streithähne zusammen zu setzen und zu sagen, wer hat recht? Wir müssen erst einmal den Hintergrund des anderen wahrnehmen, auch uns selber darüber klar werden, worauf wir uns einlassen wollen. Dann kann es bei Zusammenkünften auch zu spannenden theologischen Wahrheits-Ringkämpfen kommen. Aber es darf nicht sein, daß Glaubensanhänger und -anhängerinnen nur mit dem Kopf den Austausch suchen und den übrigen Lebenshintergrund und die geschichtlichen Erfahrungen ausblenden.

Von göttlicher Vielfalt und menschlicher Einfalt

Bei interreligiösen Gesprächen fällt auf, daß Christen eigentlich fast immer gut erzogen in der Rolle des höflich Fragenden sind. Es diskutieren eher zwei Christen untereinander über jüdische oder buddhistische Lehren, als daß ein buddhistischer Mönch oder ein Jude nach dem Christentum fragt.

Ich denke, bei Juden ist es für uns eine schwierige Situation. Ich habe auch heftige Streitgespräche mit Juden gehabt, wenn wir das Empfinden hatten, daß wir auf gemeinsamer Stufe stehen. So weit sind wir jedoch im allgemeinen noch nicht. Es sind ungleiche Gespräche. Wir zitieren Juden zur Glaubensauseinandersetzung, ein Jude sitzt dann da zehn Christen gegenüber. Das heißt, es ist eine andere Position. Zusätzlich haben wir das Schuldempfinden vom Holocaust her in uns. Da wird es schwierig. Man tastet eher.

Ich selber habe bei einer internationalen Konferenz einmal mit dem von Ihnen gemeinten Ansatz angefangen und sehr deutlich meine Position benannt und meine Fragen gestellt. Dann merkte ich, es geht nicht, es muß erst einmal die gemeinsame Plattform gefunden und von allen bestätigt werden. Die jüdischen Frauen fühlten sich in eine Scheindisputation gedrängt, so wie es jahrhundertelang Usus war. Bei Konferenzen, bei Spezialisten kann solches theologisches Gespräch gelingen, aber selten im normalen Alltag. Denn wir wissen, in Deutschland leben noch nicht einmal ein Prozent Juden. Wenn wir dann sagen, jetzt mußt du dich dem Gespräch stellen, du mußt auch die Fragen beantworten, die wir haben, ist es ein Ungleichgewicht. Ich weiß, es ist in den Vereinigten Staaten, auch in England in der Hinsicht sehr viel leichter und somit weiter vorangeschritten.

Aber auch wenn wir vom Sonderfall des jüdisch-christlichen Dialogs einmal absehen, sind Buddhisten oder Moslems ebenso an der christlichen Religion interessiert wie Sie an ihrer?

Ich denke, allzu groß ist das Interesse der Gläubigen an fremden Religionen nicht. Das ist ein Problem.

Ich merke, wie ich mit Muslimen leichter ins Gespräch komme, weil die selber auch ein Stück missionarischer und aggressiver sind – aggressiv nicht negativ gesehen. Sie benennen sehr deutlich ihr Mißfallen oder ihre Unsicherheiten. Dann kann ich auch entsprechend reagieren. Mit den Buddhisten ist es schwieriger, weil die Ansatzpunkte sehr unterschiedlich sind. Ich selber habe allerdings im geschützteren Raum erlebt – auch mit Frauen –, daß sie nach ein, zwei Tagen eigene Situationen erzählten, eigene Prägungen, eigene Fragen. Aber es muß eine Basis des Vertrauens dasein.

Dialog bedeutet auch, sich in Frage stellen im Spiegel des Anderen. Da stellt sich dann die alte Frage: Was hat er/sie, was ich nicht habe? oder: Was haben Sie, was die anderen nicht haben?

Ich glaube, daß unsere reformatorische Grundlehre, die Rechtfertigung des Sünders, der Sünderin eine befreiende Wirkung für mich hat und für die, die daraus leben: Diese möchte ich gerne vermitteln. Daß wir ohne Werke, ohne Tüchtigkeit angenommen werden. Daß jeder Tag eine neue Chance für uns hat, daß wir schlichte, biblische Geschichten haben, die mich im Alltag begleiten können, mich ermutigen können. Was ich vermitteln möchte, ist die Einfachheit und Klarheit meiner Weltbeziehung. Ähnlich möchte ich von anderen andere Ansätze erfahren und das in Verbindung bringen mit meinem Einsatz. Mich hat bisher in all den interreligiösen Gesprächen noch nichts so fasziniert, daß ich sagen könnte, mein Herz könnte voll für eine andere Religion oder Konfession schlagen.

Vielleicht erleben Sie dies eines Tages noch! Aber bedeuten Ihre Dialogoffenheit, der Verzicht auf dogmatische Wahrheiten im Gespräch mit den anderen Religionen nicht auch den Verzicht auf Mission?

Auf aktive, eifernde Mission, ja! Aber jetzt ist die Frage, was ist Mission? Ich selber bin Vorsitzende des Evangelischen Missionswerkes. Mission im positiven Sinn bedeutet, ich möchte von meiner Religion, von meinem Glauben anderen erzählen. Ich wünschte allen Menschen, daß sie eben diese Befreiung und Verantwortung des Glaubens haben. Manche sagen deshalb lieber: Mission nein, Zeugnis ja. Wobei ich dann wiederum die Schwierigkeiten sehe, daß Mission dabei sehr negativ klischeehaft behaftet erscheint, was einfach nicht mit christlicher Mission von ihrem Ansatz her stimmt. Wir haben auch in der Kirchengeschichte, in der neueren Geschichte Mission nicht immer nur mit Schwert oder mit Lebensmitteln und Medikamenten angeboten, sondern auch oft sehr offen angeboten. Und ich möchte dieses Angebot weiter machen, muß dann allerdings damit rechnen, daß auch andere so von ihrem Glauben erzählen, auch ohne Druck und »Bestechung«. Wir erleben es leider gerade in afrikanischen Ländern, daß Christen erheblich unter Druck gesetzt werden, damit sie dem Islam beitreten. Das halte ich nicht für gut. Aber daß beispielsweise jetzt Juden in den Vereinigten Staaten unter Christen stärker missionieren, kann ich verstehen. Sie machen es nämlich auch mit dem Ansatz, Christen, die nicht mehr christlich gebunden sind, nicht alleine lassen, in der Erwartung, daß sie sich vom jüdischen Angebot berühren lassen und dadurch zu dem gemeinsamen Gott finden.

Ich kann die Interessen der Kirche nachvollziehen, wenn sie die Botschaft Jesu Christi unter die Menschen bringen will. Aber ich kann nicht nur Sie als Bischöfin, ich kann auch einen jüdischen Rabbi oder einen buddhistischen Mönch in seiner jeweiligen Wahrheit verstehen. Nun will ich keine allgemein göttliche Sauce über unser menschliches Erdenschicksal gießen, aber in Kategorien der Ewigkeit gedacht, wirken doch interreligiöse Streitereien ebenso fragwürdig wie interkonfessionelle Hakeleien?

Nein! Der interreligiöse Dialog zielt überhaupt nicht auf eine Einheitsreligion hin. Ähnlich ist es in seiner »Vorstufe«, im ökumenischen Gespräch, das wir unter den Kirchen und christlichen Gemeinschaften haben. Es ist keineswegs Ziel, einen einheitlichen christlichen Glauben zu haben, sondern im Grunde deutlicher die eigene Glaubensposition zu erkennen, vertreten zu können, dann einzubringen und sich einfach auch an der Vielfalt und Fülle von Glaubensweisen zu erfreuen. Da die Fülle wahrzunehmen! Und wenn ich an das Weltethos denke, an die Einheit von den Weltreligionen, wäre es nicht eine Vereinheitlichung, denn das wäre in der Tat eine große Verarmung. Aber es kann Situationen geben, wo die Vertreter, Vertreterinnen der großen Weltreligionen sich zusammentun und sagen, das ist nicht unser kleinster gemeinsamer Nenner im allgemeinen, aber für diesen Punkt können wir der Weltöffentlichkeit zeigen: Es gibt neben dem Konsumismus, neben den irdischen Werten auch andere Werte.

Das Religiöse braucht mehr Raum, und es muß verantwortlich eingebracht werden, zum Guten und zum Heil-Werden.

Der eine Gott in vielen Religionen, aber der eine Gott in allen?

Das weiß ich nicht, und da würde ich mich auch nicht festlegen wollen. Ich denke, das ist auch die Sache Gottes.

Wessen Gottes?

Für mich: Meines Gottes.

Also entscheidet letztlich wieder Ihr Gott?

Das wird er schon entscheiden, wie er es für gut hält. Also, da stelle ich auch gar keine Spekulationen an. Ich denke, daß wir weltweit einen Gott anbeten. Ob Gott sich in verschiedenen Weisen zeigt, das überlasse ich auch voll und ganz ihm. Ich will den anderen nicht absprechen, daß sie auch diesen einen Gott verehren; ob das eine andere Seite Gottes ist, eine andere Erscheinung Gottes ist, das will und kann ich nicht beurteilen. Bin ich Richter Gottes?

Ich denke, wir Menschen haben uns viel zu sehr angemaßt, daß wir Richter über andere sein wollen. Und wenn wir jetzt sagen, göttliche Einheitssauce, so klingt das sehr negativ. Wo Gott sein Wort dazu gibt und wo er wirkt, da geschieht Heiliges, Heilsames für uns und seine Welt. Das ist zuerst einmal mit Respekt und Dank wahrzunehmen.

VOM WIRTSCHAFTSWUNDER UND DEM GELDSEGEN

Dahinter steckt System

Was bedeutet für Sie Luxus?

Luxus ist für mich, Zeit zu haben! In gewisser Weise mag ich auch sonst gerne Luxus. Ich finde einiges sehr schön. Aber merke dann, wenn es darum geht, Luxus zu kaufen oder mir schenken zu lassen, daß ich da große Hemmnisse habe. Ich bin in manchem sehr viel großzügiger geworden, auch was Kleidung betrifft. In einem öffentlichen Amt kann ich nicht immer in alten Jeans rumlaufen. Ich finde bestimmte Luxus-Sachen schön, aber mein Luxus-Level ist bestimmt nicht sehr hoch, gemessen am westeuropäischen Standard.

Manche nennen unsere Gesellschaft eine Luxus-Gesellschaft, andere sprechen von der alten »Neuen Armut« in diesem Land. Tatsache ist: Die soziale Lage hat sich verschärft, die Gesellschaft driftet auseinander.

Wir haben dieses Auseinanderdriften in Hamburg sehr deutlich vor Augen. Wir gelten als die reichste Stadt und zugleich auch die ärmste. Früher sind mein Mann und ich einmal im Jahr nach Hamburg gefahren, haben uns dabei auch die Luxus-Läden angeguckt, wären aber nie auf die Idee gekommen, da reinzugehen. Inzwischen könnte ich da reingehen. Ich gucke mir aber noch nicht mal die Läden an, weil ich vieles nicht ertragen kann. Wenn ich dann einen Pullover für 400 Mark sehe, schrecke ich zurück. Sicher weil ich internalisiert habe, wie viele Menschen von diesem Geldbetrag fast den halben Monat oder eine ganze Woche leben. Wir haben die Entwicklung in Hamburg, aber nicht nur dort, immer stärker: Ganz deutlich die reichen Stadtteile und die armen Stadtteile. Ich selber habe immer in der Nähe eines weniger betuchten Stadtteils gewohnt. Ich merke da auch, wie unterschiedlich die Geschäfte sind, wie auch die Supermärkte anders ausgestattet sind. Mein Bestreben ist es, diese Kluft ein wenig zu beseitigen. Das heißt, bei den Reichen auch deutlich zu machen, wie es vielen Armen geht, und für die Armen auch dann zu werben und an die soziale Verantwortung von Eigentum zu erinnern.

Aber hinter dieser in Arm und Reich auseinanderdriftenden Gesellschaft steckt politisches System, wenn nicht gar Kalkül!

Wenn ich die Diskussionen um die Steuerreform und Rentenreform verfolgt habe, so war es schon erschrekkend, wie manchen sehr gut verdienenden Politikern die Situation von Armen überhaupt nicht deutlich vor Augen war. Ich weiß wohl, daß es Unterschiede immer geben wird. Ich war als junge Pastorin so naiv und habe gemeint, daß alle Pastoren in der Kirche gleich viel verdienen, habe dann den Unterschied sehr deutlich gemerkt. Inzwischen gehöre ich zu den Spitzenverdienerinnen der Pastorenschaft. Ich denke, es sind auch Unterschiede vonnöten, weil einfach der Aufwand unterschiedlich ist, aber diese übermäßige Differenz zwischen Spitzen- und Minimalverdienst brauchen wir weder in der Kirche noch in der Gesellschaft.

Ich bin froh, daß wir in Hamburg doch viele Reiche haben, die sich engagieren in Stiftungen und für Sponsoring offen sind. Das ist eine hanseatische Tradition, daß die Reichen immer Stiftungen in Gang gesetzt haben, sozial und kulturell. Da versucht man, ein bißchen gegenzusteuern, aber ich denke, es ist eine politische Aufgabe, Weichen neu allgemein gesellschaftlich zu stellen, und im

Augenblick werden sie fast alle in die falsche Richtung gestellt.

Vor allem, so scheint's mir, wird Armut von der herrschenden politischen und wirtschaftlichen Schicht nicht wirklich wahrgenommen: »...und die im Dunklen sieht man nicht«, um Bert Brecht abzuwandeln.

Ich kann mal sagen, wie es mir geht. Ich sitze im Auto und arbeite, gucke kaum raus, bekomme normalerweise nichts mit. So geht es vielen, die in Spitzenstellungen bei der Politik oder Wirtschaft sind, die kriegen vieles nicht mit. Ich muß es jedoch als meine Aufgabe sehen, auch ganz bewußt mein Umfeld mit seiner Armut wahrzunehmen. Und da haben wir Möglichkeiten, Begegnungen ganz neu zu schaffen. Und plötzlich neu wahrnehmen, welche Not im eigenen Stadtteil, in der eigenen Stadt ist. Da ist das Wichtige, daß wir das wahrnehmen an Menschen, nicht nur über Buchstaben und Zahlen.

Angetreten ist dieses System mit dem Etikett »Soziale Marktwirtschaft«. Die Demoskopie zeigt jedoch, wie wenig Menschen von dieser Sozialkomponente überzeugt sind: Gerade noch 40% der Bundesbürger glauben an die »Soziale Marktwirtschaft«, von den jüngeren bzw. den älteren Menschen im Land vertraut nur noch ein Drittel dem System. In Ostdeutschland gar vertrauen weniger als ein Viertel, sprich weniger als 25%, dieser sozialen Selbstverpflichtung der Marktwirtschaft.

Wir haben über den Osten noch gar nicht gesprochen. Wenn das ein Viertel im Osten glaubt, finde ich das schon viel. Der Osten ist von uns nie gleichberechtigt wahrgenommen. Wir sind vom Westen her ungeduldig gewesen. Wir haben ihnen sehr schnell unser System übergestülpt, und im wirtschaftlichen Bereich ist es ja so gewesen: Viele aus dem Westen sind in den Osten gegangen, um ihr Glück da zu machen. Aber auch etliche, um gut und sozial verantwortungsvoll zu arbeiten. Die Diskussion um den Solidaritätsbeitrag hat deutlich gezeigt: Die soziale Verantwortung sehen sehr viele nicht genug. Es ist höchstens die nationale Verantwortung, daß wir als Deutschland international gut dastehen. Und die Steuerreform, wie auch immer sie sein wird, zeigt deutlich, daß die Besserverdienenden noch besser dran sein werden und die Schwachen nicht die notwendige Unterstützung bekommen. Und ich denke, es ist so, daß die Besserverdienenden, zu denen ich unbedingt gehöre, auch wenn ich im Vergleich zu Verantwortlichen aus Wirtschaft und Politik sehr wenig verdiene, daß wir alle mit 10 Prozent weniger uns manches zwar nicht mehr leisten könnten, aber wir könnten weiterhin sehr gut leben. Die anderen haben noch nicht mal genug, um ihren normalen Bedürfnissen nachzugehen. Daß die ganze Gesellschaft auf Konsum aus ist und die normalen Werte wie Solidarität, Gemeinschaft immer mehr aus der Öffentlichkeit, aus der Bewertung herausgefallen sind, potenziert die Problematik. Weitgehend sind wir in Deutschland zu Geldwesen geworden. Eher greifen wir nach Geld und Waren als nach der Hand eines anderen. Wir sind zunehmend unsozial.

Die Debatte zur sozialen Lage müßte stärker noch als Ost-West-Diskussion geführt werden!

Die Ost-West Diskussion findet ja gar nicht statt! Die im Osten sind weitgehend abgeschrieben. Es wird zwar nicht so benannt. Ich merke Vergleichbares in Gesprächen, die ich mit Verantwortlichen habe, die in Afrika gewesen sind. Afrika war interessant, als wir da wirtschaftlich etwas herausholen konnten, als es gut nutzbare, reiche Kolonien waren. Jetzt ist Afrika der vergessene Kontinent, kulturell sowieso. Und ein ähnliches Empfinden habe ich gesamthin für den Osten. Das ist sicher überzeichnet. Aber daß wir den Osten in besonderer Weise zu stärken haben und auch neu das Gespräch suchen müssen, das haben wir weitgehend aufgegeben. Die Kirchen allerdings benennen es deutlicher als viele andere, auch Kirchenleute aus dem Westen, die ja auch vorher Ost-West-Beziehungen jahrzehntelang intensiv gepflegt hatten.

Freiheit statt / und Sozialismus

Ich zitiere noch einmal die Demoskopie. 1990 und fünf Jahre später, 1995, wurden Menschen in Ostdeutschland nach ihren Assoziationen zu den Stichwörtern »Sozialismus« und »Kapitalismus« befragt. Während 1990 beim Stichwort Kapitalismus noch 65 % der Menschen an Freiheit dachten, so hat sich dieser Wert binnen fünf Jahren halbiert. Der Sozialismus hingegen hat mit zunehmender Kapitalismuserfahrung wieder an Wert gewonnen. Der Sozialismus galt 1990 27 % der Ostdeutschen als gerecht, fünf Jahre später hat sich diese Stimmenzahl fast verdoppelt auf 50 %. Der Kapitalismus hingegen hat in den Augen der Ostdeutschen mit Gerechtigkeit fast nichts mehr gemein. Bei aller Fragwürdigkeit der Klischees und der Nostalgie: Wundern Sie diese Zahlen?

Sie wundern mich nicht. Es gab im Osten ein ziemlich naives Bild von Kapitalismus und westlicher Gesellschaft. Man wollte die D-Mark und meinte, dann würden alle Probleme gelöst. Ich selber kenne das aus vielen Gesprächen in der DDR damals. »Wir leben nicht alle nur von Kaffee Krönung, es ist nicht alles Gold, was glänzt im Westen«, entgegneten wir. Das hat man uns nicht abgenommen, sondern sie haben gedacht, wie die Werbung es sagt, so sei unser Leben.

Daß die Bevölkerung im Osten jetzt enttäuscht ist, kann ich verstehen. Viele Betriebe waren viel brüchiger, als dies für möglich gehalten wurde. Die folgende Umstellung war sehr schmerzhaft. Die Menschen mußten ihre Identität mit einem Betrieb aufgeben – und darin bestand ihre große Identität –, was wir hier im Westen in dem Sinne nie gehabt haben. Und nun herrscht ein Stück Zurücksehnen nach den Fleischtöpfen Ägyptens, eine Identitäts-Suche.

Die politisch Verantwortlichen aus dem Osten melden das ja auch stark an in den verschiedenen Parteien. Nicht wenige suchen eine eigene Identität dann über ihre Vergangenheit. Da sind so viele uneingelösten Sehnsüchte. Deswegen auch die starke PDS, die gar nicht unbedingt nur wegen der politischen Inhalte gewählt wird, sondern ein Stück eigene Identität, eigene Geschichte bedeutet. Hier schimmert die Sehnsucht nach Sozialismus durch und die Sehnsucht nach sozialer Gerechtigkeit, die so wenig verwirklicht wurde. Das Negative des DDR-Sozialismus wird leicht verdrängt.

Stichwort PDS: Gibt es kirchliche Berührungsängste mit dieser Partei?

Ja!

Warum?

Weil die PDS sehr unterschiedlich ist: Wenn ich an Sarah Wagenknecht denke oder an den militanten Atheismus, sind da starke Verweigerungen. Aber es gibt auch Berührungen. Ich selber habe eine Tagung mit Herrn Bisky zusammen erlebt, wobei wir in einer Diskussion dicht zusammenstanden, da wir deutlich für die Kleinen und Schwachen eintraten. Es gibt da manche Nähe. Die PDS muß auch ein eigenes Profil finden, zeigen, was sie sein will, denn da gibt es ja auch unterschiedliche Strömungen. Je weniger im Osten wirtschaftlich, sozial und kulturell und auch kirchlich positiv geschieht, desto stärker wird die PDS. Ich hoffe, daß die Partei sich so entwickelt, daß sie eindeutig und auch klar demokratisch ist.

Wenn ich an Ihren vorhin erhobenen Sozialanspruch der Kirche denke, müßten Sie dann aber nicht statt Ihrer Reserviertheit gegenüber der PDS viel eher Berührungsängste haben gegenüber anderen Politikern, etwa den Wirtschaftsliberalen in Bonn?

Berührungsängste sollten wir zu gar keinem haben. Auch nicht zu den Wirtschaftsliberalen. Die müßten wir umso mehr berühren und umarmen, damit sie von dem Geist der Bergpredigt her etwas mitnehmen.

Haben Sie keine Angst, zu sehr umarmt zu werden?

Nein, das werden sie nicht schaffen. Da werde ich schon aufpassen. Wir als Kirche werden da ebenfalls aufpassen. Wir als Kirche haben in sozialen und wirtschaftlichen Fragen manche guten Sätze und Thesen vertreten, sind dann oft schwach geworden, weil wir Gegenargumente bekommen und weil auch einflußreiche Mitglieder der Regierung und der Kirche uns bedrängen. Und dann ist es manchmal nicht einfach, dem zu widerstehen und zu sagen, ich stehe trotzdem zu meiner Position, ohne dabei parteipolitisch zu werden. Ich habe es erlebt, als ich im Juni 1996 auf der DGB-Kundgebung für Arbeit und soziale Gerechtigkeit in Bonn gesprochen habe. Im Vorfeld wurde ich nicht wenig bedrängt, meine Teilnahme abzusagen, weil sie parteipolitisch einseitig wäre. Ich habe mich nicht als Parteipolitikerin, als Gewerkschafterin gesehen und sehe es auch heute nicht. Ich bin ja auch weder das eine noch das andere. Aber ich mußte die Stimme erheben für viele, auch aus unserer Kirche, um zu zeigen: Es gibt eine Grenze, über die hinaus wir nicht gehen können. Wir brauchen Demut, und in so einem Fall habe ich auch keine Ängste, wenn ich dann mit Gewerkschafterinnen oder Genossen aus der PDS gemeinsam für Gerechtigkeit rufe.

Ich habe vorhin die Assoziationen von Menschen in Ostdeutschland angesprochen zu den Stichwörtern Sozialismus und Kapitalismus. Wie steht's denn bei Ihnen: Mit welchem der beiden Wirtschaftssysteme verbinden Sie am ehesten die Begriffe Freiheit und Gerechtigkeit?

Ich würde sie eher dem Sozialismus zuschreiben. Eine klare Wirtschaftsordnung, die uns vom Evangelium vorgegeben ist, gibt es nicht. In solcher Beurteilung gehen wir aus von dem Bild der ersten Gemeinde, Apostelgeschichte 2, der Urgemeinde, die alles miteinander teilt, die alles gemeinsam hat. Und wer etwas für sich selber behält, fällt dann plötzlich um. Es ist eine Vision, die wir nicht einfach aufgeben können, wobei wir eben dann die menschliche Schwäche sehen. Vom Liebes-Kommunismus der Apostelgeschichte oder der Bergpredigt zur realen Umsetzung ist es doch ein sehr weiter Weg, vielleicht ein für uns zu schwieriger Weg. Jeder Kapitalismus aber muß sich für Christen an der sozialen Gerechtigkeit messen lassen.

Neue Wunder braucht das Land

Es ist verblüffend festzustellen, wie sehr die Sprache der Wirtschaft von theologischen Kategorien durchdrungen ist. Da wird vom Wirtschafts-Wunder gesprochen, von den Verheißungen der Marktwirtschaft oder vom Konsum-Paradies. Unser Wirtschaftssystem scheint eine recht irrationale Sache zu sein!

Es ist erstaunlich und erschütternd für die Kirche und unsere christliche Gemeinschaft, daß wir die religiösen Begriffe abgegeben haben. Genauer gesagt: nicht abgegeben, aber geteilt haben, oder daß die Wirtschaftsordnung, gerade das Bankwesen, von unseren religiösen Begriffen lebt. Kreditkarten, Gläubiger, Schulden stunden sind ja übernommene Begriffe. Auch daran merkt man, daß das Geldwesen eine Art Ersatz-Religion geworden ist. Es ist eine Ersatzbefriedigung über Konsumismus, über Geld statt der Zuwendung zum Menschen, zum Einzelnen.

Geld-Segen – auch so eine metaphysische Kategorie!

Geldsegen, ja! Da haben wir es. Weg von Gottes Liebe, Nächstenliebe, Eigenliebe – nur noch Geld lieben.

»Die Verheißungen in der Marktwirtschaft werden leer und kraftlos«, haben Sie einmal prophezeit. Was aber dann? Das Warten auf ein Wunder?

Ich habe einmal vom Sozialwunder gesprochen, das wir neu brauchen, und das halte ich auch nach wie vor für notwendig. Ich suchte nach einem Gegenbegriff zu dem des Wirtschaftswunders und wollte andeuten, daß das Soziale eines gemeinsamen Willens und gemeinsamer Anstrengung aller Gruppierungen bedarf – wie damals nach dem Krieg, als Deutschland wieder aufgebaut wurde. Man verläßt doch seine partikularen Interessen nur aus Angst oder wenn man eine Begeisterung verspürt. Diesen Willen zu mehr Gemeinsamkeit vermisse ich. Gewiss, Wunder können wir nicht schaffen, für Wunder können wir nur beten und uns von Gott benutzen lassen, um dem Wunder auf die Spur zu kommen oder es mit ihm und anderen voranzutreiben. Es ist die Aufgabe, die wir als Kirche haben, Gemeinschaft einzuüben. Die Hände sind wichtiger, als wir meinen, nicht zum Geldzählen, sondern zum Händefalten und Händereichen.

Das spürt ja auch die Wirtschaft in vielem, indem sie dieses Vokabular übernimmt, indem sie auch bestimmte

Rituale von kirchlichen Feiern mit übernimmt. Ob das die Paläste sind, die sich die Wirtschaft hier und da überall baut. Dauernd schimmert die Sehnsucht nach einem höheren Sinn durch, auch bei der banalen Geschäftemacherei. Und wir müssen jetzt deutlich zeigen, dieser höhere Sinn ist aber nur da, wenn er auch der niedere Sinn ist unter den Menschen und dort gelebt werden kann – »ohn all unser Verdienst und Würdigkeit«, wie Luther so schön sagte.

Und wohin führt uns dieses Sozialwunder, auf das Sie hoffen?

Ich denke, wir müssen davon herunterkommen, auf das Goldene Kalb zu starren. Das ist ein Götze gewesen, den wir angebetet haben, den manche von uns jetzt verteufeln, auch verteufelt haben. Wir müssen lernen, mit Geld normal umzugehen. Das ist ein Mittel zum Leben, aber nicht mehr. Und wir müssen unseren Blick vom Kontoauszug ablenken auf die Bibel, die wir lesen, oder auf die Briefe, die wir einander schreiben. Oder die Gesichter, die wir sehen.

Aber was meint die Rede vom Sozialwunder in konkreter politischer Münze?

Das Sozialwunder ist, daß wir als Menschen uns wieder gegenseitig wahrnehmen, indem wir Hierarchien abbauen in vielen Bereichen. Ein Beispiel, wo das Sozialwunder ansatzweise umgesetzt ist, ist beispielsweise unsere Hamburger Obdachlosen-Zeitung Hinz und Kunz, wo nicht mehr Bettler beschenkt oder verachtet werden, sondern wo eine Zeitung gekauft wird und wo viele Gespräche und Begegnungen plötzlich möglich sind. Ich weiß es von den Obdachlosen, die sagten: Es ist nicht die Kälte im Winter das Schlimme, sondern die soziale Kälte, die wir zu jeder Jahreszeit gespürt haben. Und wir werden jetzt wieder wahrgenommen. Das ist ein Stück Sozialwunder: sie sehen sich von anderen wahrgenommen.

Neue Wunder braucht das Land! Vom Händereichen und Händefalten haben Sie gesprochen. Aber anstatt für ein Sozialwunder zu beten, sollte die Kirche vielleicht lieber manch konkrete sozialpolitische Reform von der Politik einfordern!

Wunder kann man nicht einfordern. Zum Glück nicht. Das hieße ja, wir könnten wieder alles selber machen. Allerdings können wir ihm ein wenig nachhelfen, mehr aber auch nicht. Für mich ist es überhaupt keine Alternative, Hände zu falten und Hände zu reichen. Beides gehört zusammen. In einem die Kraft für das andere suchen. Die Hände dann auch zum Arbeiten nehmen. Wir müssen einfordern, daß Menschen nicht mehr auf den Mammon starren, daß wir andere Werte befördern. Wir versuchen das, indem wir uns in das öffentliche Gespräch einmischen und die Finger in die Wunden der Gesellschaft legen. Armut darf nicht verdrängt werden. In die öffentliche Diskussion haben wir unser christliches Menschenbild einzubringen. Wir stellen öffentlich Fragen und haben Fachleute, die manche Lösungsansätze genauer formulieren können: So wäre dieses Sozialwunder oder geistliche Wunder voranzutreiben. Und dann nicht müde zu werden, wenn wir nicht gehört werden, sondern auch den Mut zu haben, das ein fünftes oder sechstes Mal wieder zu benennen. Beharrlichkeit und nicht lammfromme Geduld sei die Tugend der Hirten. Jesus sagte gar: Seid klug wie die Schlangen. Christliches Lamento reicht nicht aus. Das ist wahr. Und da sind wir als Kirche oft zu zaghaft. Wir sagen zu schnell, die anderen haben uns ja nicht wahrgenommen, die haben kein Interesse an uns, und ziehen uns enttäuscht und beleidigt oder verzagt zurück. Dann aber wirklich wie so einsame Rufer in der Wüste es immer wieder neu zu benennen, das ist notwendig. Da brauchen wir in unserer Zeit ein Stück Ermutigung, auch von der Basis her.

Was folgt denn aus dem christlichen Menschenbild für die Wirtschafts- und Sozialpolitik in unserer Gesellschaft?

Es würde bedeuten, daß die Einkommensunterschiede nicht so groß sein können. Es würde bedeuten, daß bei Einstellungen neue Bedingungen ausgehandelt werden. Daß schwache Menschen übernommen werden, wie wir das mit Menschen mit Behinderungen schon längst eingeübt haben, wenigstens hier und da. Das würde bedeuten, daß der Sonntag normalerweise frei bleibt. Es ist ganz entscheidend für uns, daß die Arbeitszeiten familien- und beziehungsfreundlich sind. Daß nicht die Schwachen, oft sind es ja gerade die alleinerziehenden Mütter, ausgenutzt werden, um irgendwelche Jobs zu haben. Daß das Singletum nicht in jeglicher Weise gefördert wird, denn das wird auch gesellschaftlich auf Dauer sehr schwierig. Daß ehrenamtliche Tätigkeit beispielsweise angerechnet wird für Einstellungen, für Beförderungen, was früher mal gang und gäbe war. Im alten Preußen konnte man bestimmte Ehrenpositionen nur bekommen, wenn man auch sozial tätig war.

Muß nicht auch der Begriff des Wachstums von unserem Menschenbild her hinterfragt werden? Ohne Wachstum gibt es keine Entwicklung, und doch hält dieser Globus, halten die Menschen bestimmte Formen des Wachstums nicht mehr lange aus. Was soll wie wachsen?

Wir sind ja viel im Gespräch mit Wirtschaftsleuten im kleineren Bereich. Da haben wir gerade im Zusammenhang mit der sozialen und wirtschaftlichen Lage manches Mal diese Thematik angesprochen, auch Wachstum, Null-Wachstum und dergleichen mehr. Die Argumentationen sind sehr unterschiedlich, weil die Denk-Kategorien sich weit auseinanderentwickelt haben. Es kann doch nicht nur Geld sein, was uns leitet oder hemmt. Möglicherweise müssen wir ganz neue Systeme versuchen. Das ist ein längerer Prozeß, der jetzt auch hier und da beginnt, denn wir haben 30, 40, 50 Jahre weitgehend nur auf äußere Wachstumselemente geachtet.

Von der Sucht und der Suche nach Arbeit

Wachstum hat mit Arbeit zu tun. Unsere Gesellschaft ist eine Arbeitsgesellschaft. Aber schon lange nicht mehr gibt es Arbeit für alle.

Das ist eins der großen Probleme unserer Gesellschaft. Arbeit muß gerecht verteilt werden, und dazu müssen neue Strukturen entwickelt werden. Wie das geschehen kann, weiß ich nicht. Ich kann nur hoffen, daß Sozialethiker, Fachleute aus der Wirtschaft und Arbeitnehmerschaft oder Politiker hier deutlich mehr Phantasie und Initiativen zeigen. Derzeit bewegen wir uns, scheint mir, im Bereich struktureller Sünde.

Aber auch der Wert von ehrenamtlicher Arbeit sollte gesteigert werden. Eine Tätigkeit zu haben oder auch die eigenen Grenzen oder Fähigkeiten zu entdecken, ist wichtig für die eigene Lebensbedeutung. Ehrenamtliche Arbeit braucht aber gute Rahmenbedingungen. Und bisher sieht das so aus, daß ehrenamtliche Arbeit – gerade von Frauen – nicht unbedingt gefördert wird, sondern sogar noch behindert wird. Ihnen wird nicht die nötige Verantwortung gelassen bzw. zugestanden. Ehrenamtliche verändern auch die Kirche – durch ihre ganz anderen Erfahrungen, Begabungen und Erwartungen. Auch in die theologische Debatte bringen sie neue Anfragen und Ansätze. Ähnliches gilt für die Gesellschaft. Dort ist ehrenamtliche Arbeit eine wärmende Kraft, unverzichtbar.

Das andere Problem sehe ich da, daß immer mehr ohne Arbeit oder mit wenig Arbeit auskommen müssen und daß wir in den verantwortlichen Positionen bisher noch keine Wege gefunden – und vielleicht auch noch gar nicht gesucht haben, unsere »Jobs« zu teilen.

Die einen ertrinken in Arbeit und machen Überstunden (auch Sie als Bischöfin), derweil die anderen nach Arbeit dürsten, nicht wissen, wo und wie sich einbringen!

Da müssen wir darauf hin arbeiten, daß wir diese Jobs so verändern, daß sie teilbar werden. Ich sehe da schwärzer als vor drei, vier Jahren, weil der Trend gleichzeitig geht nach einem starken Mann bzw. einer starken Frau da oben. Daß man Entscheidungen nicht mehr unbedingt von Gremien, von mehreren erwartet, sondern von Einzelpersonen. Ich selber wehre mich dagegen in der Diskussion, weil ich sage, wir wollen gemeinsam die Verantwortung tragen, auch Macht ausüben, und dann kann da nicht immer diese eine Person sein. Aber ich sehe noch wenig Möglichkeiten der Veränderung hin zum Guten, zu mehr partizipativer Leitungsverantwortung. Es wird sofort geschrien und gelitten, wenn diese eine Person nicht kommt. Das ist im politischen Bereich genauso wie bei uns in der Kirche. Häufig schon habe ich angesprochen: Wie kriegen wir als Leitende das hin, daß auch wir da trotz aller Ängste und mangelnder Erfahrungen, Verantwortung, Arbeitszeit und Macht zu teilen beginnen. Ich weiß nicht, ob das die männliche Angst und Unfähigkeit des Abgebens ist oder ob das wirklich nicht möglich ist. Das ist für mich ein Rätsel, das noch zu lösen bleibt.

Was bedeutet Arbeit für Sie? Wenn Sie keine Arbeit hätten, so unterstelle ich einmal, hätten Sie Entzugserscheinungen?

Ja! Zur Zeit arbeite ich sehr gerne, habe Freude dran. Das habe ich auch in manchen Diskussionen gesagt, wenn es um Suchtfragen ging. »Die meisten von uns sind süchtig, wie wir hier am Tisch sitzen, arbeitssüchtig.« Und dann wird mir von den Herren gesagt, nein, ich arbeite ja gern. Ich sagte, das sagen die Heroinabhängigen und Alkoholiker auch, die trinken ja auch gerne.

Wir tun's gerne. Gewiß, ein Unterschied ist da, das weiß ich, aber zu denken sollte uns das schon geben. Ich brauche die Arbeit und bin auch froh und dankbar, daß ich die Arbeit habe. Im Urlaub kann ich vom ersten Tag an alles fallen lassen. Da brauche ich die Arbeit überhaupt nicht, aber dann drängt es mich nach einer gewissen Zeit, und ich sehe es auch als Luxus an, daß ich eine Arbeit habe, in der ich mich wohl fühle, wo ich mich gerne betätige, wo Arbeit, Freizeit, Pflicht und Lust sich begegnen. Es ist also eine gute Möglichkeit, Menschsein mit gesellschaftlicher Verantwortung auszuprobieren.

Es ist dies vor allem ein Privileg!

Es ist ein großes und schönes Privileg. Wenn manche Pastoren/Pastorinnen dann nur schimpfen, daß sie so viel zu tun haben, sage ich: Das ist auch eure Gestaltungssache. Ich könnte, wenn ich wollte, die Hälfte weniger arbeiten – und das wäre dann immer weit mehr als 40 Stunden. Dann wäre ich aber nicht glücklich, weil ich das Gefühl hätte, ich habe nicht ausgenutzt, was ich auch tun kann und muß und was mir Spaß bringt. Dieses Problem halte ich wirklich für bearbeitenswert, und ich habe es mit Männern und Frauen angesprochen. Bei Frauen stößt das auf Echo. Wie können wir das hinkriegen, daß wir unsere Arbeitszeit reduzieren, um anderen Arbeits-Zeit abzugeben, um selber mehr Zeit für sich und die Angehörigen und Freunde/Freundinnen zu haben.

Von Männern wird die Diskussion meist gleich abgelehnt. Ich hoffe, daß ich in den nächsten drei, vier Jahren doch noch Möglichkeiten finde, dem mehr gemeinsames Gewicht zu geben.

Es gibt noch eine andere Kategorie von Arbeit, ohne die die Gesellschaft nicht funktioniert: Das Ehrenamt! Gern ein wenig belächelt, aber unverzichtbar. Was bedeutet die Dimension des Ehrenamtes für unsere Gesellschaft?

Ohne Ehrenamt wäre die Gesellschaft leer. Wir brauchen das für viele Begegnungsmöglichkeiten, wo Menschen in sich selber Begabungen entdecken, kommunizieren lernen. Mehr als früher noch, weil wir die Einheiten einer Familie, einer Großfamilie kaum noch haben. Ich spüre das häufig, wenn ich mit Ehrenamtlichen zusammen bin, welchen Reichtum sie aus dieser Arbeit erfahren. Welchen Sinn sie spüren und weiter vermitteln in dieser Arbeit, weil die Berufe, die sie haben oder auch nicht haben, so einseitig inzwischen geworden sind, daß vieles in ihnen verkümmert. Die Gesellchaft wird arm und kalt, weil Menschen allein gelassen werden, verkümmern, vor sich hindösen, wegsterben, ohne daß irgendeiner es wahrnimmt. Es ist jetzt so, daß auch im politischen Bereich ehrenamtliche Arbeit sehr gefördert wird. Was mich allerdings auch ärgert, weil es dann oftmals den Anschein erweckt, daß es nur aus finanziellen Gründen geschieht, weil wir uns Hauptamtliche eben nicht mehr leisten können. Das ist eine Abwertung all derer, die die ehrenamtliche Arbeit tun.

Bei diesen ehrenamtlichen Helfern steckt aber, wenn ich Sie richtig verstanden habe, mehr dahinter: Ehrenamt als Sinnsuche, als Versuch, etwas Sinnvolles zu tun?

Ja, es ist zu entdecken, daß das Leben nicht nur die Bereiche Arbeit und Geld hat – sondern daß ich als Mensch mich einbringen kann und von anderen auch geschätzt werde. Das sogenannte Helfersyndrom, das ja nicht wenige Ehrenamtliche haben, sehe ich gar nicht mal negativ, sondern es bedeutet, geschätzt zu werden von jemandem. Wir leben als evangelische Christen von der Rechtfertigung des Sünders, die wir immer wieder bezeichnen und benennen. Aber sie findet im Alltag oft gar nicht statt. Das heißt, ich bekomme gar nicht mit, daß ich gerechtfertigt bin, daß ich gut bin, daß ich was kann, daß ich schön bin, daß ich tüchtig bin, daß ich trotz meiner Mängel ein wertvoller Mensch bin. Und das kann im Ehrenamt sehr viel deutlicher werden. Deswegen ist es auch wichtig, daß Ehrenamtliche ihren Bereich für sich aussuchen und bestimmen, daß sie sich da auch die »Streicheleinheiten« holen, die sie brauchen, um gut wirken zu können.

Das Ehrenamt steht also für eine andere Wertskala unseres Zusammenlebens?

Ja, daß es eben nicht nach dem Geld geht, sondern es geht nach der Arbeitskraft, wobei eben nicht Arbeit materiell definiert wird, wie es gesellschaftlich sonst ist, sondern danach, was ein Mensch einbringen kann, wozu er oder sie nach seinen oder ihren Gaben fähig ist. Dies zu fördern, halte ich für wichtig, gerade auch in unserer Zeit. Dabei das generationsübergreifende und schichtenübergreifende Miteinander voranzutreiben, was früher normal war – das ist ja möglich und geschieht in vielen Kirchengemeinden und Vereinen und Verbänden und Projekten.

In Wirklichkeit geht es den sogenannten Ehrenamtlichen nicht um Ehre, sondern um Lebenszugewinn, um ihre in sich gespürte Lebendigkeit, die erfahrbar werden soll. Hätten wir doch nur ein deutlicheres Wort für dieses soziale Phänomen. Ehrenamtliche bereichern sich selber und andere auch abseits des Geldhorizontes. Kurz: Solche Arbeit raubt und beutet die Menschen nicht aus, im Gegenteil.

Gott stürzt die Mächtigen

Was macht Ihre Kompetenz als Bischöfin aus, wenn Sie lautstark gegen eine ungerechte Sozialpolitik protestieren oder vor dem Zerfall des sozialen Miteinander in diesem Land warnen?

Die Kompetenz liegt darin, daß wir von der Bibel her ein Menschenbild vorgemalt bekommen haben, das wir nicht nur im privaten Kämmerlein leben sollen. Wir haben zu sagen, daß dieses Menschenbild in der Gesellschaft auch umgesetzt werden kann und muß. In Gesprächen bekomme ich mit, daß dieses Menschenbild in den letzten Jahren zum Negativen verändert worden ist und weiter verändert wird. Wir dürfen nicht dem Geld und der Wirtschaft untertan gemacht werden. Die müssen uns nützen, nicht umgekehrt. Es gilt also, gegenzuhalten, weil wir als Kirche den Auftrag haben, biblischen Glauben, biblisches Menschenbild in die Öffentlichkeit, in die Realität umzusetzen.

Wenn Sie vom »biblischen Menschenbild« sprechen, so betrifft dies das theologische Fundament von Kirche. Wie aber reagiert die Theologie auf die veränderten politischen und sozialen Bedingungen? Muß theologisches Denken politischer werden?

Für mich gehören Kirchenpolitik und Theologie eng zusammen. Ich weiß zwar, daß wir es in der Tradition oftmals auseinander gehalten haben, und das halte ich für ausgesprochen fatal. Ich möchte mit meiner Theologie, wie ich sie ständig neu erarbeiten muß, auch Kirche und Gesellschaft gestalten. Deswegen kann ich diese scharfe Trennung voneinander nicht übernehmen und denke, daß ganz einfache theologische Aussagen oder ganz einfache biblische Geschichten mit der Wirklichkeit in Übereinstimmung gebracht werden müssen.

Wenn Sie mit Theologie Kirche und Gesellschaft gestalten wollen – ist dies dann die bundesdeutsche Variante von Befreiungstheologie?

Wir haben viele Schlagwort-Theologien oder Genetiv-Theologien, wie sie oft kritisiert werden, aber Glaube und Theologie – biblisch verstanden – sind immer mit Befreiung, mit Hoffnung, mit Veränderung in Verbindung zu bringen.

Befreiung und Veränderung – auch im gesellschaftlichen Bereich?

Auch im gesellschaftlichen Bereich! Wir können das biblisch ganz einfach begründen oder deutlich machen. Johannes, der Täufer, und Jesus haben begonnen: »Tut Buße, ändert euch, geht neue Wege!« Wir haben dies zu praktizieren, denn bei den besten Vorsätzen, bei den besten Plänen und Strukturen sind wir immer in der Gefahr, uns zu verhärten, stehen zu bleiben und uns in eine falsche Richtung zu bewegen.

»Gott stürzt die Mächtigen vom Thron, beschenkt die Hungernden mit seinen Gaben und läßt die Reichen leer ausgehen«, heißt es im Neuen Testament, im Magnifikat der Maria. Wie konkret politisch sind diese biblischen Worte?

Das Magnifikat der Maria und der Hanna ist sicher eine Vision für das Reich Gottes und zu unserer Zeit nicht voll umsetzbar. Aber es bleibt eine Vision, die uns verpflichtet, in diese Richtung zu arbeiten. Das heißt konkret gesehen, eine soziale Gerechtigkeit anzustreben, daß die Reichen von ihren Gütern, ob das Finanzen sind, ob es Wissen ist oder ob es Macht ist, abgeben und den anderen die Möglichkeit der Teilhabe geben. Das bleibt der Anreiz für uns als Kirche, das einzubringen, genauso ein Anreiz für uns als Einzelne, dem mehr zu entsprechen. Wir werden dem nie ganz entsprechen, weil wir das Reich Gottes in dem Sinne ja nicht selber schaffen können. Es ist etwas Revolutionäres. Aber eben nicht, um zu zerstören, um die Reichen unglücklich zu machen, sondern um die Fülle des Lebens neu zu vermitteln. Und wenn wir auf die Reichen sehen – die, die sehr viel Reichtum alleine haben –, so sind sie ja nicht unbedingt glücklich; wir haben ihnen dann auch zu helfen, mit dem Reichtum andere Werte zu erwerben und auch den Wert des Teilens neu zu spüren. Wir wissen: Es gibt nicht nur das Problem der Verarmung, sondern auch das der Verreichung.

Verstehe ich Sie richtig: Die Reichen haben die Seelsorge der Kirchen fast nötiger als die Armen?

Es ist immer die Frage, was ist reich? Wir haben uns als Kirche sehr wohl um die wirtschaftlich Reichen zu bemühen, ohne Frage. Was wir in den normalen Kirchengemeinden, in Akademien und Zusammenkünften, in Konzerten und Gottesdiensten auch tun, auch indem ich als Bischöfin bestimmte Veranstaltungen besuche, auch, um dann Kirche zu repräsentieren und um zu zeigen, daß Gott für uns alle da ist, auch für die ganz Reichen. Das muß ich immer wieder einbringen, weil es sehr schnell mißverstanden wird, als wenn Menschen mit finanziellem Reichtum für uns in der Kirche weniger oder vor Gott weniger wert seien. Das ist eine Aussage, die ich oftmals höre oder spüre, die vielleicht auch ein Stück Resignation und Enttäuschung widerspiegelt, weil sie die Kritik an so einseitigem Reichtum nicht ertragen können. Manchmal wird ja auch sehr pauschal kritisiert, personalisiert und verunglimpft.

Es ist gesagt, was gut ist

Ist Ihnen die Bergpredigt Maßstab für Politik?

Man kann mit der Bergpredigt nicht Politik machen. Man kann als Christ/Christin aber auch nicht ohne Bergpredigt Politik machen, oder sollte es jedenfalls nicht wollen. Wir werden die Bergpredigt nie als eine Verfassungsgrundlage haben können, wie wir es im eigenen persönlichen Umfeld auch merken, und trotzdem bleibt sie als Vorgabe. Das, was wir tun und lassen, haben wir an der Bergpredigt zu messen, und zu begründen, warum wir dem nicht entsprechen.

Kirchliche Einmischungen in die Politik münden oft in einen recht allgemein gehaltenen Aufruf zur Besinnung! Nichts gegen Besinnlichkeit – aber auf was gilt es sich zu besinnen?

Wir haben zu jeder Zeit zur Besinnung aufgerufen, und das werden wir auch immer weiter tun: »Ändert eure Sinne, tut Buße und kehrt um!« Wir werden immer neu bei jedem Gebet, bei jeder Predigt zur Besinnung aufrufen, um zu erinnern, um die anderen spüren zu lassen: Da bin ich vor Gott, da bin ich vor mir selber verantwortlich, da habe ich die Möglichkeit, neuen Bezug zu gewinnen zu Gott, zu mir und zu dem Umfeld, in dem ich lebe, zur Welt überhaupt. Das Wichtige ist, daß wir aus all dem Aktivismus heraus uns Zeit nehmen, Abstand zu gewinnen, daß wir uns nicht in den Verstrickungen verlieren. Aber sicher ist es auch in dieser Zeit wichtig, daß wir Ansätze finden, die Besinnung umzusetzen in ein verändertes Verhalten, und auch die Fortschritte zu spüren. Das muß kein großes Programm sein, sondern beispielsweise einfach die Gewissheit, ich kann zu meinem Nachbarn gehen, ihn um Hilfe bitten oder ihm meine Hilfe anbieten. Zu spüren, da ist also Gemeinschaft möglich. Und das wäre neu einzuüben, daß dann aus diesen kleinen Anfängen auch mehr wird. Das sind Senfkörner, die wir durch die Besinnung vielleicht ein bißchen größer machen. Zu Senfbäumen werden sie noch lange nicht, aber wir sollten uns dann auch mit dem Kleineren zufrieden geben und als Kirche Räume anbieten, wo diese Distanz und Nähe für gewisse Zeit geübt und gepflegt werden kann. Wir wissen, daß Kirchen gebraucht werden als Räume der Stille, als Räume der Ewigkeit, der Heiligkeit. Wobei die Kirchenräume etwas vermitteln können, was wir mit der Hektik des Alltages nicht mehr entstehen lassen können, was wir geradezu erstickt haben.

Wir leben, so scheint's, in krisengeschüttelten Zeiten: ob nun die Krise der Kirche, die Krise des Sozialstaates oder gar die Wertekrise. Lassen Sie uns andersherum überlegen: Was macht eigentlich noch die Substanz aus, von der wir zehren können?

Da haben wir verschiedene Begriffe gehabt. Ob diese Substanz immer sehr tragfähig gewesen ist, bezweifle ich. Wir haben als Substanz Nationalismus gehabt, das hat sehr viele zusammen gehalten. Wir haben dann in den 68er Jahren Substanz unter den Jugendlichen gehabt, unter der jüngeren Generation, die was geändert haben wollte, d.h. die Frage der Gerechtigkeit, die uns miteinander verbunden hat. Wir haben Substanz in manch nachbarschaftlichem Zusammenhalt gehabt, der selbstverständlich gewesen ist. Wir haben immer wieder als Substanz den christlichen Glauben gehabt, der nicht immer ein purer, reiner christlicher Glaube gewesen ist, aber das Wissen, von Gott getragen und geleitet zu werden. Wenn wir jetzt von Wertekrise oder Wertewandel sprechen, ist sicher eine Veränderung da, oftmals nur eine nominelle Veränderung, weil es deutlicher benannt wird. Was ich als schwierig empfinde, ist nicht so der Wertezerfall, Wertewandel, denn wir wissen noch, was wertvoll ist, sondern der Anspruchswandel. Daß Menschen für sich sehr viel beanspruchen, weil sie egoistisch geworden sind, weil ihnen der Glaube abhanden gekommen ist, daß sie vor Gott wertvoll sind. Das heißt, sie suchen die Befriedigung ihrer Ansprüche dann im Konsumismus.

»Wir wissen noch, was wertvoll ist«, haben Sie eben gesagt. Woher kommt diese Ihre Gewißheit um unsere Werte?

»Es ist dir gesagt, Mensch, was gut ist!« Das hatten wir als Motto unseres Kirchentages 1995 in Hamburg. Ja, eigentlich wissen wir das! Wir wissen, daß es wichtig ist, andere Menschen und sich selber zu respektieren. Wir wissen, daß wir für Fremde da sein müssen. Wir wissen, daß wir die Umwelt schonen müssen. Wir wissen, daß wir an die nächste Generation denken müssen. Wir wissen, daß wir uns vor Gott oder einer höchsten Macht zu verantworten haben. Wir wissen das, aber können das nicht umsetzen, wollen das auch nicht umsetzen, weil es oft gegen unsere eigenen Interessen gerichtet ist. Und als Gesellschaft ist es uns letzten Endes klar, daß wir mehr Solidarität und Rücksicht und Vorsicht brauchen; bloß, wir verdrängen es, weil wir uns und/oder die anderen kurzfristig durch etwas anderes zufrieden stellen wollen.

Wie aber gelingt der Schritt vom Wissen zum Handeln?

Es ist wichtig, die kleinen Schritte zu üben, zu zeigen, wir bekommen nicht sofort eine heilere Gesellschaft, aber es gibt Ansatzpunkte, die sind wie Oasen auf dem Weg durch die Wüste, in denen wir uns ausruhen können, in denen wir auch etwas spüren von der Menschlichkeit und der Verantwortlichkeit, die wir anderen gegenüber einbringen und von anderen erfahren. Es ist mehr möglich, als wir denken. Als Kirche sagen wir: Gott traut dir das zu, du kannst das auch! Gott steht dir auch liebevoll, stützend und mahnend zur Seite!

Wenn die Kirchen klagen und zur Besinnung aufrufen, so darf nicht übersehen werden, daß sie selbst Teil dieser Krise sind. Die Kirchen haben an Glaubwürdigkeit verloren, vielleicht auch, weil sie oft nur jammern über abgehängte Kruzifixe oder verloren gegangene Feiertage...

...also, ich habe ein Klagen der Kirche über Wertezerfall oder -veränderung eigentlich bisher wenig gehört.

Manche Ihrer Amtskollegen treiben es gelegentlich ganz kräftig!

Mag sein, das höre ich nicht so stark. Ich höre es stärker von bestimmten Politikern, die eine bestimmte Ordnungssicht haben, die den christlichen Glauben oder die Kirche vor allem auch als Moralinstitut sehen.

Ethische Parameter zu überprüfen ist allerdings wichtig. Unsere ethischen Bezugspunkte finden wir im Evangelium. Wir haben uns als Kirche in vergangenen Zeiten zu wenig in die Gesellschaft hinein vermittelt. Und das tun wir auch heute noch zu zaghaft. Wir haben versucht, unseren Glauben zu leben, aber nicht mit der inhaltlichen Deutlichkeit, die vonnöten ist bei Menschen, denen die Grundvoraussetzungen kirchlichen und biblischen Wissens fehlen. Wir haben also Sozialarbeit gemacht, gemeint, daß alle anderen daran erkennen, daß es Diakonie ist, daß es aus dem Glauben heraus kommt. So hat sich manches für die Öffentlichkeit verselbständigt und vom Glauben gelöst. Dieses wieder äußerlich und innerlich miteinander in Verbindung zu bringen, halte ich für dringend erforderlich. Und wenn ich an manches bei uns in der Kirche und Gesellschaft denke, so sind die Feiertage, die Sonntage nicht so beachtet, wie ich es mir wünsche. Daß sie ja wirkliche Freiräume sind zur Besinnung, Seelenzeiten, zum gemeinsamen Treffen, für kirchliche und kulturelle Veranstaltungen. Da achten wir jetzt stärker darauf, und ich merke, daß ich auch sehr viel mehr Unterstützung bekomme.

Das Rad wird sich nicht zurückdrehen lassen. Diese Gesellschaft wird nicht wieder christlicher werden. Was sind Ihre Vorstellungen vom Zusammenspiel von säkularer Gesellschaft und christlicher Botschaft?

Wir erleben es doch heute schon, daß sich Christliches, Kirchliches und Säkulares miteinander treffen und durchdringen. Es ist letzten Endes auch immer so gewesen. Wir haben nur viel Säkulares christlich adaptiert, und jetzt ist das Säkulare so selbstbewußt, daß es sich nicht mehr vereinnahmen läßt. Ich stelle fest, daß wir als Kirche, als Christen im Alltag der Gesellschaft diese oder jene Kooperation mit den säkularen Bewegungen eingehen können, wenn es darum geht, menschenfreundlich, gesellschafts- und beziehungsfreundlich zu agieren. Da werden wir nicht einsam und berührungsängstlich als die Kulturträger oder die christlichen Wahrheitspropheten auftreten können, sondern haben die anderen zu überzeugen in einzelnen Feldern, daß sie mit uns zusammen, beispielsweise für den Sonntag kämpfen. Wir haben da als Partner insbesondere auch die Gewerkschaften, die keineswegs alle zur Kirche gehören. Da wäre es schlecht, wenn wir Berührungsängste haben, weil wir meinen, hundertprozentige Übereinstimmung ist nicht vorhanden. Das haben wir ähnlich im ökumenischen Bereich mit anderen Konfessionen, anderen Glaubensgemeinschaften, wo wir ja auch Gemeinsamkeiten haben, obwohl vieles uns voneinander trennt. Oder im interreligiösen Bereich treten wir gemeinsam mit den anderen Vertretern und Vertreterinnen der Weltreligionen auf, und mahnen mehr Weltverantwortung für Gegenwart und Zukunft an – beispielsweise für die Armen, Schwachen und für die

Umwelt. Das hinterfragt manche Strukturen in unserer Kirche, auch in der Theologie, das halte ich für sehr zukunftsweisend. Denn Glaube, christlicher Glaube ist nicht als Einheitsreligion über die Welt gestülpt, das hätte Gott ganz anders machen können, sondern ist eine Form der Auseinandersetzung, der Bewältigung von Leben auf der Welt. Diesen Kontakt, dieses Gespräch müssen wir suchen.

Apocalypse Now – oder: das Exil der Götter

Das magische Datum des Jahres 2000 steht uns bevor. Manche Silvesterpartys 1999 sind heute schon ausgebucht. 2000 Jahre nach Christi Geburt – dies ist zu allererst ein christliches Datum!

Das Datum ist wichtig, weil sich damit apokalyptische Vorstellungen verbinden. Es ist nicht nur im Mittelalter so gewesen. Bei der Jahrtausendwende wurde viel ausgelöst an Ängsten, an Hoffnungen, an religiösen Phantasien. Heute ist das ähnlich. Wenn wir da als Kirche ein Vakuum lassen, werden nur andere religiöse Gruppierungen und pseudo-religiöse Gruppierungen dieses Feld einnehmen und ausfüllen.

Was bleibt von diesem letzten, unserem Jahrhundert vor der Jahrtausendwende? Zum ersten Mal ein Weltkrieg, zum ersten Mal Auschwitz und sicherlich nicht zum letzten Mal eine Menschheitsutopie, die an sich selbst gescheitert ist. Was bleibt?

Kirchlich gesehen bleibt das Zusammengehen, Zusammenkommen der Konfessionen, der christlichen Gemeinschaften. Im Jahr 1900 war die erste ökumenische Weltversammlung, 1910 in Edinburgh die zweite. Wir haben den Ökumenischen Weltrat der Kirchen, der es nicht immer leicht gehabt hat, und die konfessionellen Weltbünde. Und wir haben eine enge Zusammenarbeit mit Rom. Wir haben in den Kirchen sehr viel mehr Mündigkeit der Laien und Laiinnen. Nicht zu unterschätzen ist, daß endlich Frauen in kirchliche und geistliche Positionen gekommen sind und dort auch teilweise andere Inhalte vertreten. Das wird bleiben.

Und gesellschaftlich?

Wir haben eine internationale Verantwortung, die hier und da auch zum Tragen kommt. Wir haben eine Welt, die überschaubar geworden ist. Das heißt, daß regionale Konflikte weltweite Bedeutung haben. Daß wir vorsichtiger sein müssen mit Grenzstreitigkeiten. Ob wir das politisch einhalten können, bezweifle ich allerdings, es sei denn, daß wir in den einzelnen Ländern, Nationen wieder so viele Werte konstruktiv schaffen, daß Menschen ihre Identität in guten Werten finden und nicht in einer Abgrenzung, d.h. im Fundamentalismus, Nationalismus oder im Konsumdenken, was sich im Grunde genommen dann ja auch immer weniger die bisherigen privilegierten Nationen leisten können.

In einer Zukunftsstudie 2010 hat unlängst der Freizeitforscher Horst W. Opaschowski prophezeit, daß die Menschen ihren Lebenssinn ganz neu definieren werden. Seine Prognose: Lebensgenuß, Flucht aus den Institutionen, eine neue Erlebniskonsum-Kultur!

Ich weiß nicht, ob das zunimmt. Ich kann mir nicht vorstellen, daß es noch sehr viel stärker werden kann. Opaschowski spricht aber auch deutlich davon, daß wir ein stärkeres soziales Engagement brauchen, daß das Ehrenamt zu fördern ist, weil wir nicht mehr die volle Berufstätigkeit, Erwerbstätigkeit haben können. Er ermutigt gerade dazu, den sozialen Wandel in Gang zu setzen. Es ist in den meisten Institutionen jetzt deutlich, daß dieser Wechsel geschehen muß, weil Ereignis-, Konsum-, Erlebnisgesellschaft in diesem Sinne nicht länger möglich sein wird.

Eine »Rund um die Uhr«-Gesellschaft: Arbeit, Konsum, Freizeitmöglichkeiten und laufende Maschinen – 7 Tage die Woche, rund um die Uhr! Bleiben da Zeit und Raum für Solidarität?

Die wird neu eingeübt werden müssen. Wir merken, daß die Sehnsucht nach Solidarität groß ist und zwar nicht nur empfangener, sondern auch gebender Solidarität. Und da haben wir als Gesellschaft und als Kirche neue Modelle einzubringen. Ich weiß aus dem politischen Bereich, daß jetzt sehr stark gefördert wird, generationsübergreifend Menschen zusammen zu bringen. Nicht mit großen Strukturplanungen und Zusammenkünften, sondern ganz einfach, wie es Matthias Claudius mit seinem kranken Nachbarn auch meint. Ob das fürs Blumen-Gießen ist, fürs Kinder-Hüten oder zur kulturellen Arbeit. Wir werden kleinere Einheiten wieder brauchen, überschaubare Einheiten, daß auch Großstadt-Menschen sich mit einem kleineren Stadtteil oder eben im Dorf wieder neu identifizieren mögen.

Sie haben vorhin von den »apokalyptischen Vorstellungen« angesichts der Jahrtausendwende gesprochen. Theologen diagnostizieren unserer Epoche eine Gotteskrise, andere nennen es die Menschheitskrise. Allen Untergangsstimmungen zum Trotz – auch nach dem 31. Dezember 1999 wird die Welt sich weiterdrehen.

Diese Krisen hat es immer gegeben, sie hat es nach dem Zweiten Weltkrieg gegeben, hat es davor gegeben, in Weimar, zur Kaiserzeit und auch unter Napoleon. Es gibt keine Zeit, die keine Krise hat, und jede Krise ist im Grunde genommen dafür da, daß wir sie nutzen und Chancen herausarbeiten. Die Schwierigkeit ist jetzt , was wir bisher so nicht erlebt haben, daß Menschen sehr individualisiert sind. Und da etwas in Gang zu setzen, scheint schwierig, aber es birgt ja auch Chancen.

Aber wo sind die Visionen? Die Wirklichkeit ist entzaubert, die Utopien sind verblichen und die Götter im Exil!

Gott ist schon während der Babylonischen Gefangenschaft im Exil gewesen, so sagt es die biblische Geschichte. Auch später war er den Menschen oft fremd. Wir wollen jedoch gerne einen Gott haben, den wir als Statue mit uns herumtragen können, so einen kleinen Talisman, so ein kleines Goldenes Kalb. Wir haben es erlebt oder wissen es aus unserer biblischen Geschichte, daß die Babylonische Gefangenschaft, als nicht nur Gott im Exil war, gerade zu theologischen Neuansätzen geführt hat. Daß da die Größe und Weite Gottes überhaupt erst entdeckt worden ist, seine Schöpfungsverantwortung und Weltverantwortung. Ich denke, daß wir diese Zeit der Gottesferne, die wir ja nicht jetzt neu haben, nutzen müssen und können, um neu Rechenschaft abzulegen über das, was wir glauben und was wir als Kirche weitergeben wollen. Die Frage nach Gottes Anwesenheit, nach Gottes Wirken unter uns, die Frage nach seinem Schweigen und seiner Zurückhaltung auch, diese Fragen brauchen Antworten, von uns allen, zumindest vorsichtige, suchende Antworten. Und es ist entscheidend, ob wir diese Fragen verdrängen oder ob wir wirklich vorsichtig Neuanfänge erarbeiten. Da ist sicher diese neue Situation der multikulturellen, multireligiösen Gesellschaft neu zu bedenken – eine Herausforderung, für die die alten Antworten nicht unbedingt passend sind. Aus der *multi*kulturellen nun eine *inter*religöse, eine *inter*kulturelle Gesellschaft zu schaffen und dabei neue Verbindlichkeiten aufzustellen, die natürlich ganz anders sein müssen, als im sogenannten christlichen Abendland, das ist eine große Anfrage. Das hat zu geschehen, ohne daß der Respekt vor dem Heiligen verloren geht. Dieses neue Jahrtausend wird von uns allen aktive Toleranz verlangen, aber gerade dadurch auch eine Bereicherung erfahren – nämlich dann, wenn wir über den Zustand hinauskommen, nur nebeneinander zu leben, und statt dessen zu einem Miteinander gelangen. Das würde uns bereichern. So wünsche ich mir mehr Neugierde für unsere Umwelt, für andere Menschen in der Nähe und Ferne, mehr Sinn und Besinnung im Religiösen.

Vom weiblichen Wachstum und der Päpstin

»Es gibt keine Zukunft, es sei denn, sie ist weiblich«, dieser Satz stammt zwar nicht von Ihnen, aber Sie zitieren ihn gern. Warum ist Zukunft weiblich?

Wir haben bemerkt, daß unsere Welt, so männlich wie sie bisher geprägt und geleitet ist über patriarchale Strukturen und Vorstellungen, doch sehr ins Wackeln gekommen ist. Wir brauchen uns nur die Umweltkrise anzugucken. Wie hat man Frauen mißachtet, Emotionen mißachtet. Wie hat man die Natur, die eben nur Natur ist, mißachtet. Wie haben wir Völker ausgerottet, weil sie niedriger als wir geachtet wurden. Das männliche Denken ist auf Dichotomie gerichtet: weiß-schwarz, gut-schlecht, richtig-falsch, Vernunft-Gefühl, Kultur-Natur, Mann-Frau, – wobei das Erste immer positiv besetzt ist und das Zweite sich anzupassen, unterzuordnen, aufzulösen hat. Wir können es in vielen Bereichen durchbuchstabieren. Wir wissen allerdings auch aus dem Management, daß inzwischen auch andere Beurteilungs- und Leitungsweisen gewünscht werden. Das Schwarz-Weiß-Denken soll farbig werden. Statt Befehle und Unterordnung werden der Dialog und das Gespräch gesucht. Außerdem höre und erfahre ich immer wieder, daß das fürsorgliche, weibliche, mütterliche Prinzip notwendig ist und als solches gewünscht wird, und zwar nicht als Zeichen der Schwäche, sondern als ein korrigierendes Gestalten. Das brauchen wir ebenso für die Gesellschaft. Wobei es nicht heißt, daß wir jetzt eine Frauenherrschaft in Kirche und

Gesellschaft haben wollen, aber die weiblichen Werte, Erfahrungen, die wir einzubringen haben als Frauen und als Männer, müssen auch wahrgenommen und eingehalten werden. Denn dies ist ja nicht an Weibliches, nicht an Frauen gebunden.

Die Krise der Menschheit, haben kluge Zeitgenossen erkannt, ist die Krise des Wachstums. Kann man Wachstum weiblich definieren?

Mit Schwangerschaft.

Daran habe ich jetzt nicht zuerst gedacht!

Neues Leben zu gestalten – es ist die Frage, müssen wir immer mehr, mehr, mehr haben? Oder können wir uns nicht mit dem begnügen, was wir haben. Wenn ich an die Schöpfungsgeschichte denke: Machet euch die Welt untertan, das heißt doch nicht: Holt aus der Welt, aus der Natur heraus, was herauszuholen ist! Seid Herren über die Länder! Sondern wie es im Hebräischen heißt: Geht liebevoll um mit der Erde! Das heißt, ein liebevolles, nachhaltiges Bewirtschaften wird von Gott angesagt. Das wäre das weibliche Prinzip und auch das Gott entsprechende Prinzip. Wir haben das ja deutlich in der weiblichen Kultur. Denken wir nur an die indianische Kultur. Dort wird die Frage gestellt: Was kommt danach? Nachhaltiges Wirtschaften oder Öko-Feminismus ist ja nicht zufällig entstanden, sondern ist jetzt eine Bewegung, ein Thema, das insbesondere in Frauenwerken sehr gründlich bearbeitet wird. Wir haben gerechter und solidarischer Umwelt und Arbeit zu gestalten. Wir dürfen nicht auf Kosten der nächsten Generation leben nach dem Prinzip: Nach uns die Sintflut! Das haben wir viel zu lange getan.

Da fragt man sich schon, was hat sich der liebe Gott eigentlich dabei gedacht, als er den Menschen auf diesen Planeten Erde gesetzt hat. Er hätte doch sehen müssen, was dabei herauskommt?

Ich denke auch manchmal, Gott hat sich das nicht vorstellen können, wie weit wir uns lösen von den vernünftigen, guten Geboten. Erinnern Sie sich an die Sintflut-Geschichte: da reute es ihn, daß er Menschen gemacht hatte. Turmbaugeschichte. Es wurde immer wieder gewarnt. Aber es ist wirklich dann ein Segen, daß nach der Sintflut-Geschichte der Regenbogen da war und Gott gesagt hat: Ich stehe weiter zu euch. Wie unser Erdball ruiniert ist, ist ein Zeichen der großen Sünde, großer Gottferne. Ob wir da korrigieren können, ist die Frage. Wir müssen auf jeden Fall verhindern, daß die Welt noch schlimmer ausgebeutet wird.

Die Zukunft ist weiblich! Sie haben vorhin über das Handeln Gottes in der Geschichte gesprochen. Wenn Gott sich noch einmal in Geschichte offenbart, es muß ja nicht bei Jesus Christus bleiben, sollte er dann lieber eine Tochter statt des Sohnes schicken?

Ja, das sind so Spekulationen. Sollte es tatsächlich noch eine Jesa Christa geben?! Ein ständiges Reizwort, das mich nie sonderlich berührte. Es ist das Geheimnis Gottes, daß er seinen Sohn geschickt hat. Aber ich denke, es ist auch in gewisser Weise verständlich, aus theologischen Gründen nachvollziehbar, weil Jesus sich damals, und das bleibt bis heute ja ein deutliches Signal, ganz hinunter begeben hat zu den schwachen und verachteten Frauen, um ihnen zur Seite zu stehen. Das heißt, ganz tief heruntergebeugt, um selbst ausländische, abgelehnte Frauen mit Menschenwürde zu versehen. Für uns ist Jesus die letzte Offenbarung. Wir brauchen keine Jesa Christa, aber wir wissen nicht, ob es Gott nicht eines Tages reut und er sagt, ich schicke doch noch eine Tochter. Ob er die Tochter hat, wissen wir ja auch nicht. Ob dann eine Frau diesen Dienst allein tun könnte oder ob ganz anderes erforderlich ist, wer weiß …

Bis Gottes Tochter kommt, könnte es ja erst einmal eine Päpstin sein! Es gibt die Überlieferung von einer Päpstin Johanna, die im 9. Jahrhundert in einem Mönchsgewand zu dieser hohen Ehre kam – nicht zuletzt wegen ihrer großen Gelehrsamkeit. Den Wahrheitsgehalt dieser Überlieferung mögen die Historiker prüfen. Aber eine Frau auf dem Stuhl Petri – ist dies Ihr Wunsch?

Diese Päpstin, die damals wirkte, konnte nur kurz da sein. Sie wurde dann verleugnet. Ich wünschte mir schon, daß wir auch eine Frau in Rom, genauer gesagt: im Vatikan an leitender Stelle haben könnten. Wir wissen nicht, wie die Ökumene sich weitergestaltet. Wir als Evangelische können gut mit einem Papst, einer Päpstin leben, wenn sie denn nur Bischof, Bischöfin von Rom ist und nicht Vorgesetzte von anderen oder mit der Lehrautorität behaftet wäre. Es gibt Diakoninnen und Priesterinnen in der Anglikanischen Kirche und in der Altkatholischen Kirche. Warum soll das nächste Jahrhundert nicht auch in der Römisch-Katholischen Kirche Veränderungen in dieser Weise bringen?

Als Bischöfin von Rom wäre vielleicht eines Tages im Vatikan Platz für Sie. Haben Sie schon einmal angefragt?

Bisher noch nicht. Ich habe bei einem Empfang einen Verantwortlichen aus dem Vatikan gefragt, weil es sich in einem Gespräch so ergab, wie meine Arbeitsmöglichkeiten da wären. Als Bischöfin könnte ich da nicht wirken, lautete die Antwort. Dann möchte ich auch nicht dahin. Ich will auf mein bischöfliches Amt nicht verzichten. Ein plauderndes, freundliches Gespräch war es mit voller

Anerkennung meines bischöflichen Auftrages. Doch ernsthaft gesprochen: Es hat sich in der katholischen Kirche in den letzten 30 Jahren für Frauen enorm viel getan. Wir sollten das nicht immer schlecht reden. Es hängt nicht alles am ordinierten Amt. Ich halte es für möglich, daß sich in der katholischen Kirche trotz ihrer Tradition manches verändern läßt. Und selbst wenn sie sich nicht verändern sollte, heißt das nicht, daß Frauen in ihr keine wichtige Rolle spielen.

Ein Absatz im Lexikon und ein Grabstein

Wie lange hält man es durch, Bischöfin zu sein?

Ich weiß es nicht. Also zehn Jahre, hoffe ich, auf jeden Fall. Und dann müssen wir neu sehen. Es ist sehr, sehr anstrengend. Wenn ich das mit anderen Berufen vergleiche, ist es anstrengend von der vielen Arbeit her, von der Belastung von allen Seiten. Aber es ist auch anstrengend von den vielen guten Erfahrungen, Erlebnissen. Denn es ist nicht immer leicht, auch mit der vielen Freude umzugehen.

Wie steht es um Ihre eigene Lebensplanung? Bischöfin bis hin zum Rentenalter – oder können Sie sich vorstellen, noch einmal etwas ganz anderes zu machen?

Nein, im Augenblick nicht. Im Augenblick habe ich an diesem und in diesem Amt Freude. Und ich möchte es auch weiter machen. Wie es nach fünf Jahren aussieht? So konkret plane ich im persönlichen Leben nicht: über fünf oder zehn Jahre hinaus. Wenn ich nach fünf Jahren gesundheitlich angeschlagen wäre oder die Situation in meiner Kirche wäre so, daß ich sage, ich kann es nicht verantworten, als Bischöfin an leitender Position da zu stehen, weil viele an der Basis ganz anders sind, oder daß das Vertrauen nicht mehr da ist oder daß die Kirche in eine Richtung sich bewegt, zu der ich nicht passe – wer weiß, was ich dann tue. Ich weiß nicht, ob ich dann als Pastorin in eine Gemeinde gehe. Oder ob mein Mann dann wieder als Pastor in einer Gemeinde ist und ich zuhause. Es ist für mich ganz offen. Die Alternativen wären am ehesten, sicher irgendwo auf dem flachen Lande zu leben, an der Nordsee, Zeit zu haben für die Hobbys, für die ich jetzt keine Zeit habe.

Was aber bleibt? Wir haben über Ihre persönliche Lebensausrichtung gesprochen, über Ihr Amt und die Kirche. Sie sind in Ihrem Leben einmal mit Visionen angetreten. Wenn Sie einen Moment innehalten: Bei welchen Visionen haben Sie in all den Jahren am meisten Abstriche machen müssen?

Die Vision, daß wir in der Kirche alle Personen gleich ernst und wichtig nehmen. Nein, ich muß mich genauer ausdrücken. Ich möchte nicht davon ausgehen, daß wir alle gleich ernst nehmen, denn ich kann manche Gemeindeglieder, die sich auch innerlich sehr zurückhalten und sich dann nur zwischendurch mal heftig äußern, nicht für bestimmte Entscheidungen so ernst nehmen wie andere, die mittendrin stehen und auch die Hintergründe kennen. Aber, ob sie haupt- oder ehrenamtlich sind, da sind recht große Unterschiede, was besonders nicht-ordinierten Frauen, ja bloßen »Laiinnen« mehr oder weniger deutlich gezeigt wird. Diese zählen einfach weniger, sie stehen ganz unten in der Hierarchie, wenn sie Hausfrauen sind oder ohne Mann leben.

Das Priestertum aller Getauften oder aller Glaubenden ist in der ganzen Konsequenz bei uns leider überhaupt nicht zu praktizieren, und es wird von manchen voll abgelehnt, insbesondere dann von sehr vielen, wenn es sich eben um Frauen handelt, die da mitreden und mitwirken wollen. Das schmerzt.

Was aber bleibt – von Maria Jepsen? Möglicherweise eine kurze Lexikon-Notiz. Was müßte da drin stehen?

Erste lutherische Bischöfin! Das würde reichen. Und: in Hamburg!

Was bleibt ansonsten?

Ich wünsche mir einen schönen Grabstein!

Was soll drauf stehen?

Da soll nur mein Name drauf stehen. Ein schöner Grabstein, auf einem schönen Friedhof mit Bäumen und Büschen. Ich weiß, das es irrational und unwichtig ist, aber das würde ich schön finden. Einen schlichten Feldstein. Ich möchte dann bei denen, die mich kannten, in guter Erinnerung sein, daß sie ohne Verachtung an mich denken. Sie können ruhig mit Wut an mich denken, aber ohne Verachtung.

Schöner wäre es allerdings: Sie denken gern an die gemeinsame Zeit. Und bei Gott werde ich sein, so glaube ich; das ist eine Hoffnung und Zuversicht.

... wie Kinder fromm und fröhlich sein

Jeder Mensch braucht ein Stück heiler Welt – auch eine Bischöfin! Wo liegt für Sie diese Insel, ohne die Sie nicht das tun könnten, was Sie tun?

Die heile Welt ist bei mir zum Ersten sehr deutlich in meinem Familienleben. Ohne dieses Stück heiler Welt könnte ich gar nicht sein. Und das ist eine heile Welt, die wirklich da ist und nicht nur vorgegaukelt wird. Aber das reicht auch nicht immer. Heile Welt ist dann für mich Gottesdienst, Kunst, Theater, Natur, Gespräch mit Freunden und oftmals – klingt lächerlich – in kitschigen Fernsehfilmen.

Zum Beispiel?

Ach, die alten Filme aus den 50er Jahren wie etwa Liebesfilme, oder Vom Winde verweht, oder Sissy, Pünktchen und Anton, all die, die wir in unserer Jugend gesehen haben. Da merke ich einfach, wie schön es ist, ganz abzutauchen. Und ein Stück heiler Welt ist für mich dringend erforderlich im Urlaub. Wenn ich früher im Urlaub gerne weite Reisen gemacht habe, nach Israel und in islamische Länder, merke ich jetzt, daß ich einen ruhigen Urlaub brauche zum Auftanken. Zeit für meinen Mann und für uns gemeinsam zu haben, Zeit zum Spazierengehen, zum Lesen und dann auch, um Literatur zu lesen, die nicht fachlich notwendig ist.

»Alles um mich herum ist stimmig«, so haben Sie einmal Ihren Traum vom Glück beschrieben. Stimmig – was meint das?

Daß nichts stört, daß alles ineinander paßt. Es muß ein Stück Harmonie sein, ohne schrille Töne. Allerdings muß es auch farbig sein.

Trotz Wohlstand glänzen wir Deutschen in der Welt nicht gerade durch Glück und Zufriedenheit. Was machen wir falsch?

Das ist für mich oft eine Frage. Als ich Bischöfin wurde, hieß die wichtigste Frage: Was machen Sie alles besser? Da wußte ich gar nicht viel zu nennen. Ich war mit den Akzenten meines Vorgängers zufrieden. Aber es muß doch alles anders und besser werden, hieß es. Und da frage ich mich, wird uns das eingeredet? Wir haben vieles, was gut ist und worüber wir uns auch freuen können, und das sollten wir vielleicht viel deutlicher zum Ausdruck bringen. Ich lasse mir diese große Unzufriedenheit jedenfalls nicht einreden. Auch nicht in Hinblick auf unsere Kirche.

Sie selbst kennen in sich nicht diese Ungeduld, alles ändern zu wollen?

Ich möchte vieles hier und da ändern, aber es geht doch meist nur zu ändern, wenn ich von einer Grundbefindlichkeit ausgehe, die in Ordnung und Harmonie ist. Und wenn da fast alles desolat und kaputt ist, wird es schwer sein, aber es muß nicht unmöglich und aussichtslos sein. Ich kann die Situation meist auch selber ein wenig ändern, mir eine andere, positivere Grundhaltung suchen bzw. diese einüben. So habe ich die Begabung in mir entwickelt, Gutes in meinem Alltag zu entdecken und gelten zu lassen. Nicht nach dem Motto »positiv denken«, sondern aus der Erfahrung und dem Wissen heraus, daß es vielen Menschen viel schlechter als mir geht. Sozial, wirtschaftlich, gesellschaftlich, insbesondere vom Glauben her. So versuche ich, irgendwas anzusehen, was gut ist, und beginne, von da auszugehen. Die ganze Tischdecke ist meinetwegen schmutzig, nur zwei Quadratzentimeter sind sauber; dann gucke ich diese eben an – oder freue mich am veränderten Stoff. Ich merke, daß das natürlich auch Techniken sind, die ich mir irgendwann mal angewöhnt oder die mir in die Wiege mitgegeben worden sind: Von etwas Positivem auszugehen, das zu verbreiten, zu verbreitern, damit ich auch das viele Negative, das ja nicht ausbleibt, aushalten kann. Ich merke manchmal, daß ich so viel Ärger, so viel Schwierigkeiten habe und dann regen die Leute sich über Kleinigkeiten auf. Und dann halte ich mir auch schon mal die Situation ganz anderer vor Augen, denen es wirklich sehr schlecht geht. Nun bin ich keineswegs immer nur dankbar und glücklich. Ich ärgere mich auch, ich kann unheimlich schimpfen. Aber dann ist es ausgesprochen, dann ist es auch meist vorbei. Und dann kann ich sagen: So, was machen wir jetzt daraus? Ich sehe es oftmals als ein Gottesgeschenk an, daß ich bisher kein Magengeschwür bekommen habe, weil ich vieles rausrede, loslasse, abwerfe. Glaube bedeutet für mich eben auch: Alle eure Sorge werfet auf ihn, – ob ich das jetzt auf Gott direkt werfe oder von mir wegwerfe.

Oder vielleicht die anderen damit treffe?

Das muß gar nicht. Ich schimpfe dann rum, am liebsten zu Hause. Aber wenn ich einmal jemanden beschimpft habe aus Versehen, dann schaffe ich es auch, hoffentlich immer, mich zu entschuldigen, und sage: Ich war da ein bißchen abgespannt, bitte hab' Verständnis dafür. Es reicht auch, wenn ich zuhause ein bißchen rumtobe und mein Mann ist da, und er hört zu und fragt nach. Oftmals allerdings braucht er gar nicht zuzuhören. Hauptsache: ich bin es los.

Es ist schon wichtig: die Sorgen wegzuwerfen und sich neu auf den Weg zu machen, sich befreien zu lassen – auch von eigener Schuld und Not.

Kann man lernen, glücklicher und zufriedener zu werden?

Ich habe es gelernt. Es sind auch unterschiedliche Naturelle, die wir haben, unterschiedliche Sozialisationen. Ich sage immer den jungen Pastoren/Pastorinnen: Es muß jeder Tag ein Tag sein mit etwas, was euch freut. Versucht abends zu sehen, was an diesem Tag gelungen ist, was euch gut tat, und sammelt nicht nur das Negative zusammen. Irgendetwas muß da sein, was schön ist, was gelungen ist, wo man am nächsten Tag sagen kann: Ja, das ist gut, das tat gut. Und wenn das schlicht und einfach nur ein Gänseblümchen war, das man gesehen hat. Das tägliche Gebet und die Bibellese ist ja auch eine Quelle neuer Kraft, mal mit kaltem, erfrischendem Wasser, mal sprudelnd, mal lau oder heiß, aber nie ohne einen Tropfen. Nur müssen wir manchmal länger warten. Aber dazu haben wir ja Zeit, hoffentlich, und wenn das nicht so ist, dann müssen wir einfach mal andere fragen und uns von ihnen her die Augen öffnen lassen für so viel Schönes, was um uns herum ist, unter Menschen in unserer Gesellschaft und auch in unserer Umwelt. Das Leben jedenfalls bietet viel Schönes zum Glücklichsein und zur Zufriedenheit – trotz aller Nöte und Beschwernisse. Ich erinnere auch gern an den Choral von Matthias Claudius: »Gott, laß uns dein Heil schauen, auf nichts Vergänglichs trauen, nicht Eitelkeit uns freun; laß uns einfältig werden und vor dir hier auf Erden wie Kinder fromm und fröhlich sein.«